Paris

http://www.laboiteapandore.fr

La Boîte à Pandore est sur Facebook. Venez dialoguer avec nos auteurs, visionner leurs vidéos et partager vos impressions de lecture.

ISBN : 978-2-87557-397-1 – EAN : 9782875573971

Dépôt légal : D/2019/11906/31

Virginie Rey

Passez par la case chômage !

Et si c'était ma carte chance ?

À mon mari et mes enfants,

À mes parents et à mes grands-mères.

La sagesse est de voir le nouveau dans l'ordinaire, en s'accommodant du monde tel qu'il est. Il y a des trésors cachés dans l'instant présent.

Santōka Taneda — Poète japonais

Prologue

— Si je comprends bien, vous souhaitez rester et travailler chez nous ?

— Oui, j'aimerais.

— Eh bien ! en ce qui me concerne, j'ai décidé de mettre fin à votre période d'essai…

Voilà, en une phrase, mon avenir professionnel complètement chamboulé… Même si le début n'avait pas été simple, car je changeais complètement d'environnement, je me sentais enfin bien à mon poste. Mais le patron était le patron, lui seul avait mon avenir entre ses mains… et sa décision était ferme et définitive. Si j'avais eu envie de rire, ce moment aurait pu ressembler au verdict d'une émission télévisée que nous adorons suivre mes enfants et moi : « Virginie, les aventuriers de la tribu réunifiée ont décidé de vous éliminer et leur sentence est irrévocable… » Mon patron ne semblait pas très à l'aise pour justifier sa décision… Mais bon, cela ne servait à rien de retourner la phrase dans tous les sens, la situation était bien celle-là : dans peu de temps, j'allais devoir m'inscrire à Pôle Emploi et je devais m'y faire. Je travaillais depuis vingt ans et, à 42 ans, j'allais être chômeuse pour la première fois.

Dire qu'il y a deux mois, tout allait bien : nous avions fait une soirée avec tous nos amis, juste pour leur dire combien ils comptaient pour nous. Ils avaient tous été surpris, car ils s'attendaient à être invités pour fêter quelque chose. Quand ils ont su que c'était juste pour être avec ceux qui nous sont chers, ils ont été émus. Pourquoi faudrait-il toujours un prétexte pour faire la fête avec ceux que nous aimons ? Durant cette soirée, beaucoup m'ont demandé comment se passait mon nouveau boulot et, à me voir resplendissante, ils avaient leur réponse. Nous avions enchaîné avec un voyage en famille aux États-Unis, rêve que nous avions depuis quelques années et pour lequel nous avions économisé. Même si, à mon embauche, il n'a pas été évident d'imposer à mon futur patron ce voyage organisé depuis quelque temps, je suis ravie d'avoir osé le faire. Avec ce changement de programme imprévu, je ne sais à quand nous aurions repoussé ce rêve…

La vie nous réserve bien des surprises… Nous étions le 6 juin.

Le jour où j'ai pioché la carte chance : Passez par la case chômage !

Au chômage, je suis bientôt au chômage... une fois rentrée chez moi, mes sentiments sont confus.

Bizarrement, je suis à la fois angoissée et exaltée.

Angoissée, car, dans peu de temps, je compterai parmi les millions de chômeurs en France, 3,48 millions pour être exacte, en considérant la catégorie A, à savoir celle sans aucune activité. Pas de chance pour moi, le chômage est en baisse ce mois-ci, mais il ne m'a pas épargnée. Je serai bientôt amenée à prendre rendez-vous avec un agent de Pôle Emploi. Et là, désolée pour ceux qui y travaillent avec sérieux et implication, je m'imagine attendre dans un hall bondé de personnes ayant toutes un rendez-vous, des agents peu nombreux, débordés, sollicités de toutes parts, n'ayant que quelques minutes à vous consacrer, alors que cela fait deux heures que vous attendez. Moi, ancienne responsable des ressources humaines, pieds et mains liés, ne pouvant faire fi de cette institution, j'allais devoir accepter d'être guidée dans mon parcours professionnel, prête à recevoir des conseils pour refaire mon curriculum vitae, pour me préparer à mes prochains entretiens de recrutement, que j'espère nombreux, et à percevoir des allocations chômage. Depuis vingt ans que je travaille, c'est la première fois que je me trouve dans cette situation ; même à la sortie de l'école, à peine diplômée, je signais un contrat de travail. Dans peu de temps, avec mes allocations chômage, je gagnerai beaucoup moins : en théorie, 57 % de mon salaire moyen des douze derniers mois, mais en comparaison de mon dernier salaire que j'étais fière d'avoir plutôt bien négocié, je percevrai entre 53 et 55 % selon le nombre de jours dans le mois.

À se demander pourquoi les mois ne comportent que trente ou trente et un jours. Et c'est sans compter le mois de février, où je serai à 49 % ! Certes, le mois de février n'est que dans neuf mois, mais quelle chute vertigineuse ! Et je crois que c'est ce qui m'angoisse le plus.

Avec l'éducation que j'ai reçue, j'ai toujours pensé « devoir » avant « plaisir », et donc « travail » avant « repos », au point que j'ai constamment en tête une liste de choses à faire, que j'enchaîne les unes après les autres. Ce n'est qu'une fois cette liste éclusée que je m'accorde un peu de détente. Ce n'est qu'à cette condition que je me dédouane du repos accordé. Et encore, avant, si je m'asseyais dans le canapé, j'avais même l'impression d'avoir oublié de faire quelque chose, tellement je trouvais anormal de ne rien faire. Inconsciemment et de manière irrationnelle, cela me stimule d'être débordée, cela me donne une raison d'exister, une raison d'être, le sentiment d'être utile et d'apporter ma pierre à l'édifice. Mais là, que va-t-il se passer ? Quelle va être mon utilité ? Quelle va être ma relation au temps ? Quel va être le programme de mes journées ? Même si je subis la situation, je ne me sens pas le droit d'en profiter pour rester à la maison et ne rien faire... Enfin, je ne dis pas que chercher du travail est ne rien faire, mais rester connectée sur Internet sur les sites d'emplois toute la journée ne garantit pas de trouver du travail plus rapidement. La question qui me trotte dans la tête est celle-ci : combien de temps vais-je rester au chômage ? Le soir où je suis rentrée pour annoncer la nouvelle à ma famille, mes enfants m'ont accueillie avec une affection encore plus grande que les autres jours. Mais très rapidement, ma cadette s'est effondrée : il est vrai que le chômage fait peur, et pour une petite fille de 11 ans, c'est angoissant ! Je lui ai dit que ce n'était pas à elle de s'inquiéter pour moi, et qu'il n'y avait d'ailleurs pas de quoi le faire : maman travaille depuis vingt ans, elle a un diplôme d'école de commerce, elle présente bien et, par conséquent, elle ne devrait pas rester chômeuse très longtemps. Était-ce elle ou moi-même que j'essayais de convaincre à ce moment-là ?

Et si l'avenir s'écrivait différemment ?

Bon ! si ça, c'est la version angoissée, que donne la version exaltée ?

Je dois admettre que je suis aussi excitée à l'idée de me dire que c'est peut-être le moment de me réinventer un parcours professionnel, tout en ayant un matelas de sécurité avec les allocations chômage… un peu comme si la vie me faisait signe et me disait que cette étape était un mal pour un bien, car il y a quelque chose qui me correspond mieux ailleurs. Une nouvelle page pouvait s'écrire et j'avais le pouvoir d'en décider la direction. Ce qui ne veut pas dire que, jusqu'à présent, je n'ai pas choisi mon plan de carrière, mais à 16 ans, quand il a fallu que je prenne une orientation de filière pour le baccalauréat, je ne savais pas réellement quel métier faire, comme beaucoup de jeunes. Il a alors été plus facile de se laisser porter par les études, par les idées des professeurs ou par les ambitions des parents, et ensuite de se frayer un chemin parmi les choses qui nous plaisaient le plus. En ce qui me concerne, j'ai eu un baccalauréat C (l'équivalent du S aujourd'hui), filière scientifique, car j'adorais les mathématiques. Cela n'a pas été simple, car je détestais la physique et la biologie qui me le rendaient bien : j'enchaînais les mauvaises notes. J'avais pris l'allemand en première langue, pour être avec les meilleurs élèves (théorie qui aujourd'hui est encore bien présente dans les esprits, comme j'ai pu le constater à l'inscription de ma fille au collège). Alors, il me fallait être dans la filière la plus élitiste également, à savoir le baccalauréat C, filière scientifique. En même temps, je n'étais pas douée en langues et n'avais aucune culture générale. Alors, ce n'est pas sans mal que j'ai décroché mon baccalauréat avec tout juste la moyenne. N'ayant que peu d'idées de ce que j'aimerais faire, à l'exception de professeur de mathématiques ou de gérante d'une salle de sport dont j'avais même dessiné les plans, je me suis orientée vers les classes préparatoires aux hautes écoles de commerce, souvent appelées « prépa HEC », guidée par mon père qui, lui, avait fait une école d'ingénieurs. Mais, pas assez douée pour accéder à une école parisienne, je suis partie pour la province et suis revenue trois ans plus tard, diplômée de celle de Nancy, option ressources humaines.

Ensuite, les années se sont enchaînées, ainsi que les expériences dans différentes entreprises : cadre dans la distribution, puis responsable des ressources humaines avec une expérience en parallèle de gérante d'un petit commerce. J'ai toujours été en activité, voire en suractivité, car avec un, puis deux, puis trois enfants, beaucoup se demandaient comment je faisais. C'est vrai que mes journées étaient bien remplies… jusqu'à aujourd'hui, où je suis arrêtée net. Un peu comme si la vie m'informait que je faisais fausse route et qu'il me fallait prendre un autre chemin.

Et si je tentais autre chose ? Si je m'aventurais sur une autre voie ? Si cette pause que l'on m'imposait m'aidait à prendre un virage ? À mon âge, il est encore temps ! Ce qui est sûr, c'est que si je ne le fais pas maintenant, je ne le ferai peut-être jamais. Alors ?

Mes nuits sans sommeil

Quelle est ma route ? Il est vrai que, depuis quelques années, j'ai le sentiment de me chercher, de ne pas être à ma place… ou tout au moins l'impression qu'il me manque quelque chose et que je suis en train de passer à côté de ce pour quoi je suis, de ce dont j'ai vraiment envie. J'ai beaucoup lu, beaucoup échangé, et les conclusions étaient toujours les mêmes : je ne suis pas dans mon chemin de vie. D'ailleurs, mon corps m'alerte depuis un certain temps : cela fait bientôt dix ans que j'ai des troubles du sommeil.

J'ai commencé par avoir du mal à m'endormir, puis par me réveiller à cinq heures du matin et penser à ma journée et à tout ce que je devais faire. Ensuite, mon réveil nocturne s'est fixé à 2 heures du matin. Je me mettais à cogiter, jusqu'à ce que la fatigue me rattrape : j'en ai compté des moutons, bu des tisanes « Nuit calme » et vu des minutes et des heures défiler, pour finir par m'endormir au petit matin, à peine le temps d'un cycle de sommeil avant que le réveil ne sonne ! Je ne compte pas le nombre de nuits où je me retournais, en craignant de réveiller mon mari, où j'hésitais à ouvrir l'œil et à me lever, de peur que me rendormir soit encore plus difficile. Mes soucis ont perduré, et ce, jusqu'à ce que je finisse par me lever sept fois par nuit pour aller aux toilettes. Parfois pour trois fois rien… de quoi devenir folle ! C'est simple, mon mari n'avait plus besoin de me demander si j'avais bien dormi, il avait juste à regarder la quantité de papier toilette dans la cuvette. Eh oui ! quand on se lève jusqu'à sept fois par nuit, on évite de tirer la chasse d'eau à chaque fois, pour ne pas perturber le sommeil des autres membres de la famille.

Chaque matin, je me levais en me demandant comment j'allais pouvoir tenir toute la journée, et j'avais hâte d'être le soir pour pouvoir me coucher. Bizarrement, une fois le pied au sol, j'étais happée par la locomotive des tâches du quotidien. Une chose en entraînait une autre : réveiller les enfants, prendre le petit déjeuner, débarrasser la table, ranger un peu la cuisine, noter de lancer le lave-vaisselle dès mon retour du travail, préparer les enfants pour l'école, me doucher, m'habiller, déposer les enfants à l'école et prendre la route vers le travail. Là-bas, je ne m'autorisais pas de pause, mon temps étant compté. Il me fallait rester concentrée et espérer être efficace, car le soir, c'était le même marathon dans l'autre sens, même si quand je rentrais à la maison, mon mari avait déjà géré une bonne partie des tâches : superviser les devoirs et préparer le dîner. Il n'était pas rare que je me couche juste après avoir souhaité une bonne nuit à mes enfants. La fatigue s'accumulant, je n'avais aucun mal à m'endormir. Ce n'était que quelques heures plus tard que les choses se compliquaient. Tenir à ce rythme devenait de plus en plus difficile : les nerfs étant à la limite d'exploser, il me fallait agir. J'ai commencé par consulter un... urologue ! Avant de tester la médecine parallèle, il fallait quand même s'assurer que toute la mécanique fonctionnait bien. Avant le rendez-vous, je devais boire un litre d'eau, un peu comme avant une échographie chaque trimestre de grossesse... sauf que là, dans la salle d'attente, ce ne sont pas de jeunes mamans qui attendaient en essayant de se retenir d'aller aux toilettes, mais une ribambelle de personnes d'un certain âge qui se demandaient bien pourquoi une jeune femme d'un peu plus de trente ans venait consulter leur spécialiste. Quand ce fût mon tour, l'œil étonné de l'urologue confirmait bien l'anomalie. Après une heure d'examen, le verdict est tombé :

— Tout est normal, à part peut-être votre col de l'urètre qui est un peu tendu : cela explique que votre vessie ne se vide pas complètement quand vous allez aux toilettes.

Mon col de l'urètre ? Première fois que j'en entendais parler.

— Et que devrais-je faire pour le détendre ? lui demandai-je en souriant.

— La solution ? Changer de vie ! Faites du yoga par exemple.

Il a été le premier à me prescrire des somnifères pour récupérer toutes mes heures de sommeil en retard. Depuis, je prends régulièrement de petites choses pour m'aider à mieux dormir. Alors, j'ai un rêve : celui de me coucher un soir et de ne me réveiller qu'avec la sonnerie du réveil !

Un regard différent : un œil de cochon, un œil de vipère

Inutile de dire que je n'ai pas réussi à suivre son conseil, que j'ai pris au premier degré : je ne me suis pas inscrite à un cours de yoga. À ce moment-là, je n'ai pas pris le temps d'y voir un deuxième conseil, à savoir me demander si mon choix de vie était le bon. Faut dire qu'à cette période, je venais d'avoir ma cadette et j'avais changé de boulot dans la foulée. Pour enfoncer le clou, ma fille n'a bien voulu faire ses nuits qu'à l'aube de ses 9 mois ! Donc question nuits hachées, j'étais servie. Alors, j'ai cru qu'avec le temps, les choses rentreraient dans l'ordre.

Mais, vous l'aurez compris, cela n'a pas été le cas, et j'ai donc consulté tout un tas de spécialistes au cours des années qui ont suivi :

– une sophrologue : une cliente de ma petite boutique souhaitait laisser des cartes de visite pour proposer ses services de sophrologie à ma clientèle, constituée en majorité par des mamans. Nous avons sympathisé, et je lui ai dit que, moi-même, je pourrais avoir besoin d'elle, car ma qualité de sommeil n'était pas terrible. Elle m'a confirmé que la sophrologie pourrait m'aider à me détendre avant de m'endormir, ce qui devrait faciliter une pleine sérénité durant le sommeil. J'ai donc tenté : la première séance m'a reposée et je n'ai pas vu le temps passer. Mais, dès la deuxième séance, j'ai eu du mal à rester assise, à écouter ma respiration, à isoler dans ma tête chaque partie de mon corps... j'avais besoin que cela bouge. Je n'ai pas continué.

– un acupuncteur : mon beau-frère avait essayé l'acupuncture pour diminuer sa consommation de cigarettes, et cela avait bien fonctionné. J'ai donc tenté : l'acupuncteur m'a piquée dans le bas-ventre pour agir sur la vessie. Il m'avait prescrit trois séances pour obtenir un résultat. À la première, rien... À la deuxième, une envie d'uriner encore plus fréquente... confirmée à la troisième séance : stop !

– un hypnotiseur : j'avais lu que cette médecine pouvait avoir des effets sur la qualité du sommeil, alors, j'étais prête à vivre l'expérience. Naïvement, je m'étais imaginé m'endormir profondément et me réveiller sans trop savoir ce qu'il s'était passé. Pas du tout. En même temps, j'étais persuadée de ne pas être très réceptive, tellement j'ai du mal à lâcher prise. J'étais juste dans un état de bien-être, et je suivais ce que me disait la voix. J'agissais de manière consciente, et j'avais tellement envie que cela fonctionne que, même si je pouvais me « réveiller » seule, je ne le faisais pas. Autant mettre toutes les chances de mon côté. Mais après deux séances, j'ai préféré arrêter.

Conclusion : rien n'a donc été très probant dans mon cas, en dehors des anxiolytiques et des somnifères. À part la médecine chinoise par un ostéopathe... Ce ne sont pas tant ses manipulations qui ont fait quelque chose, mais son discours et les pistes de réflexion qu'il m'a données qui ont eu un effet déclencheur chez moi.

En fait, au départ, j'allais consulter cet ostéopathe chinois après une chute sur les fesses : j'étais tombée à cause d'une flaque d'huile dans le parking sur mon lieu de travail. J'avais mal au dos, je me suis dit qu'il y avait des vertèbres à remettre en place. À peine avait-il commencé à me manipuler qu'il m'a demandé, après m'avoir observée :

— Depuis quand avez-vous les yeux comme cela ?

J'avoue que j'ai été déstabilisée. J'ai un léger strabisme de naissance : enceinte, ma mère a contracté la toxoplasmose, ce qui a engendré une cicatrice au milieu de l'œil droit. À cause de celle-ci, cet œil ne voit qu'en périphérie et, quand la fatigue se fait sentir, il ne fixe plus et a tendance à dévier vers l'intérieur. Cela m'a beaucoup complexée et, encore aujourd'hui, il peut m'arriver de ne pas regarder les gens en face, de peur qu'ils ne voient que cela de moi.

— Comment ça, comme cela ?

— Vos yeux… ils ne sont pas de la même couleur !

Pour ce qui était de la couleur de mes yeux, je suis née avec les yeux marron. Mais, depuis quelques années — d'ailleurs, je ne sais pas précisément dire depuis quand —, l'œil gauche s'est éclairci et est devenu vert. L'ostéopathe m'a dit qu'il serait intéressant de repérer à quelle période s'est effectué ce changement. Comme je suis droitière, il m'a expliqué que, selon ses croyances, cela signifiait que mes aïeux m'avaient confié une mission : ma mission de vie. Il m'a précisé que l'œil droit était l'héritage du père et l'œil gauche celui de la mère. Il m'a demandé alors si je dormais bien. Étonnée qu'il y ait potentiellement un lien avec ses manipulations, je lui ai raconté mes difficultés à obtenir un sommeil réparateur et mes nombreux levers nocturnes. Il m'a alors expliqué que mon envie fréquente d'aller aux toilettes avait pour lui une signification : je souhaite ainsi marquer mon territoire, car je ne trouve pas ma place.

Même s'il n'a pas réussi à améliorer mon sommeil, il a été le premier à me parler de mission de vie et de l'importance d'être à sa place, à la bonne place. Et là, j'ai été plus réceptive.

Conclusion : je devais trouver quelle était la mission qu'avaient pu me confier mes aïeux avant de mourir. Et, au fond de moi, j'avais la conviction que c'était du côté de mes grands-mères qu'il me fallait chercher.

Une leçon de vie en héritage: un cadeau

La mort de ma grand-mère paternelle a été un soulagement, car elle était seule et fatiguée, mon grand-père étant décédé huit ans plus tôt, loin, en maison de retraite dans le Sud. Mais force est de constater que ma vie en a été perturbée. Je ne l'ai pas associé tout de suite au décès de ma grand-mère, mais, à bien y réfléchir, c'est à ce moment-là que j'ai commencé à aller aux toilettes plusieurs fois par jour et par nuit. Ma sœur a même cru que j'étais enceinte le jour de l'enterrement. Ma grand-mère, en montant au ciel, voulait-elle me prévenir de quelque chose? Quel pouvait bien être ce message?

À l'âge où moi j'entrais dans la vraie vie, ma grand-mère était déjà maman de trois enfants. Et peu après la naissance de son dernier, elle a eu cette insolation qui lui a détruit une partie du cerveau. Les médecins, à l'époque, n'ont rien pu faire. Elle a ainsi perdu, au fur et à mesure, la vue, puis ses capacités motrices. Elle a néanmoins gardé toute sa tête jusqu'à son dernier jour et toute sa foi, même après la mort de son mari qui l'avait accompagnée dans la maladie. Elle aurait pu se laisser aller, ne plus croire, mais il n'en a rien été: elle est restée forte! Quand j'étais jeune, nous avions un rituel toutes les deux: je lui racontais ma petite vie, je lui faisais la lecture, je lui décrivais comment j'étais habillée, ou comment était la nature autour de nous, je la faisais manger... des moments vrais, simples, mais vrais. Elle vivait dans le Sud et nous descendions chaque été dans ce petit coin de paradis qu'elle avait nommée Valjoie, la vallée remplie de joie: tout un symbole! Entre deux grandes vacances, avec mes frères et sœurs, nous nous enregistrions sur des cassettes: c'était l'occasion de lui raconter ce que nous faisions à l'école, de lui chanter des chansons et de lui raconter des histoires drôles. Les mots, elle n'avait plus que cela pour essayer de se créer des images. Alors, ils avaient tous leur importance ; je me devais de trouver le terme juste et d'aller dans les détails de chaque description, pour que les choses prennent vie dans sa tête. Quant à elle, elle faisait appel à sa mémoire pour évoquer ses souvenirs. J'aimais beaucoup ces moments de partage et de complicité que nous avions, souvent après le repas, pendant que les autres faisaient la sieste. Elle demandait toujours à ce que nous l'installions dans la pinède en contrebas de la maison, et je l'y rejoignais. Nous étions bien ainsi, à l'ombre des pins et des regards. Si nous avions envie de faire une pause dans notre discussion, les cigales prenaient le relais et nous les écoutions chanter. Plus jeune, ma grand-mère écrivait des poèmes. Si elle n'avait pas perdu la vue et la motricité, peut-être aurait-elle continué. La beauté des mots, l'importance du bon terme... était-ce cela qu'elle voulait m'enseigner ? Que la vie ne peut pas être que pensées, qu'elle se doit d'être mots pour donner vie aux pensées et pour les partager. Était-ce son message subliminal en héritage ? Mais j'étais petite et, en grandissant, j'étais de plus en plus fière de ma grand-mère. J'admirais sa force : jamais je ne l'ai entendue se plaindre, si ce n'est quand son plat n'était pas assez salé. Quand un des sens fait défaut, il est bien connu que les autres sont hyper développés. C'est donc avec beaucoup de joie et sans appréhension que je l'ai présentée à mon futur mari : je savais que je lui faisais rencontrer une très belle personne, une personne lumineuse ! D'ailleurs, c'est en ces termes que je crois qu'il se souvient d'elle.

Alors si, comme me l'a dit l'ostéopathe chinois, la clé est dans la mission que m'a confiée ma grand-mère, je crois avoir compris que le message qu'elle m'a laissé en partant est celui de vivre, de vivre au présent, et de vivre pleinement chaque jour, car la vie est belle : chaque jour est un nouveau lever de soleil, une nouvelle page à écrire, de nouveaux mots à partager... chaque détail compte. Pour elle, la vie n'était pas faite pour être réécrite : il y a les choses que nous subissons et celles que nous désirons. Alors, si les premières ne sont pas choisies, autant faire en sorte que celles que nous souhaitons se réalisent ! Ce n'est pas parce que nous sommes aveugles, handicapés et, dans une moindre mesure, bourrés de complexes, que nous avons moins de valeur, que nous n'avons pas le droit d'exister aux yeux des autres, celui de dire ce que nous ressentons, ce que nous ne voulons pas et surtout ce que nous voulons. Le jour où elle est montée au ciel, nous étions très nombreux à souhaiter lui dire au revoir : sa vie, sa personnalité, sa maladie avaient touché beaucoup de personnes, et elle forçait l'admiration, tellement elle était belle de l'intérieur. Quant aux yeux, ma grand-mère les avait bleus, rieurs et lumineux, mais l'un d'eux était un peu fermé et l'autre regardait en l'air vers l'extérieur. Les siens aussi étaient différents, mais elle vivait bien au présent : avec son insolation, sa vie avait basculé. Elle ne pouvait plus vivre dans le passé, car elle n'était plus du tout la même, et elle ne pouvait pas se projeter dans le futur, car son état changeait avec le temps et elle ne pouvait en maîtriser l'évolution. Alors, sa vie ne se conjuguait qu'au présent ! Si les yeux vairons rendent mon regard différent, cela signifie peut-être aussi que celui que je porte sur le monde doit être différent aussi. Ma mission est peut-être d'observer ce qui m'entoure, de changer de regard sur le quotidien et de tenter d'amener autrui à le voir comme je le vois, tout comme ma grand-mère me décrivait son petit coin de paradis avec ses mots et ses yeux à elle, au présent. Voilà aujourd'hui ce que je crois qu'elle voulait me transmettre.

Ça, c'est pour ma grand-mère paternelle. Qu'en est-il de ma grand-mère maternelle ?

Le jour où mes yeux sont devenus vairons

Une phrase énoncée par l'ostéopathe chinois me revenait régulièrement en mémoire : « Il serait intéressant que vous cherchiez depuis quand vos yeux ont commencé à changer de couleur. » À ce moment-là, je n'en avais aucune idée : pour moi, ils s'étaient juste modifiés avec le temps.

Mais aujourd'hui, au terme de ma réflexion sur ma mission de vie et l'héritage de mes aïeux, j'ai vraiment besoin de trouver à quelle période mes yeux ont changé. Alors, un jour, en récupérant les enfants chez mes parents, je suis allée fouiller dans les albums photo : instinctivement, j'ai commencé au début de mon adolescence, vers l'âge de 12 ans. Si cette période était signe de nombreuses modifications, pourquoi ne serait-elle pas celle du changement de couleur de mes yeux ? J'ai donc pris l'album de naissance de mon petit frère comme point de départ : avril 1987, j'avais un peu plus de 12 ans et demi. Très rapidement, j'ai constaté que j'avais bien les deux yeux couleur marron. Il me fallait regarder plus loin. J'ai donc pris l'année de mes 18 ans, 1992 : mes deux yeux étaient alors différents ! Le changement s'était donc opéré entre le collège et le lycée : rien de surprenant à cela, me disais-je, mais cet exercice avait titillé ma curiosité et je me devais de trouver LA période.

J'ai donc repris les albums un à un. J'ai toujours adoré les regarder, c'est mon côté nostalgique. Même si, de nos jours, les photos sont enregistrées sur ordinateur, je fais régulièrement développer les meilleures de chaque année pour les mettre dans un album agrémenté de petits commentaires. Mes enfants, mon mari et moi prenons plaisir à les consulter de temps en temps. Là, mon objectif était différent et je me suis focalisée essentiellement sur les photos de moi que prenait mon père : malheureusement, il n'est pas toujours facile de voir mes yeux de manière bien nette. Mais, sur le lot des clichés, trois portraits de moi m'éclairent : Pâques 1988, les yeux marron... À mes 17 ans, en 1991, les yeux vairons... Le changement s'était donc amorcé entre avril 1988 et décembre 1991.

Il ne me fallut que peu de temps pour réaliser que ces années correspondaient à la découverte du cancer de ma grand-mère maternelle en mai 1988 et à son décès en avril 1991. L'ostéopathe avait raison : il y avait un lien encore plus fort que je ne le pensais avec ma grand-mère maternelle...

Souvenirs d'enfance en Lorraine

Petits, nous allions chez mes grands-parents en Lorraine. Ils avaient une ferme, et c'était le paradis : nous nous retrouvions avec les cousins au milieu des vaches, des cochons, des lapins et des poules. Je chantais beaucoup et j'avais pour public les vaches de l'étable. Nous étions souvent dehors, nous avions toujours quelque chose à faire ou à inventer. Quand nous en avions fini avec les animaux, nous apportions le lait et les œufs aux voisins du village. Nous partions avec le tracteur dans les champs de blé ou de maïs. Mon grand-père et mon oncle travaillaient la terre, pendant que nous nous inventions des histoires, que nous construisions des cabanes... et, toujours en toile de fond, cette odeur de fumier !

C'était plus rare, mais, de temps en temps, j'accompagnais ma grand-mère chez les voisines : nous jouions au scrabble, et j'avais souvent droit à un bonbon. J'adorais ! En rentrant, nous préparions le repas en écossant les petits pois, assises sur le banc devant la maison, et nous regardions passer les voitures et les voisins. Nous écoutions ma grand-mère donner des nouvelles des uns et des autres. Parfois, elle faisait mon gâteau préféré : le biscuit de Savoie. Dans mes souvenirs, elle utilisait la peau de lait. Je n'ai jamais fait ce gâteau : pour moi, il reste son œuvre, tellement il était léger et onctueux. J'ai trop peur d'être déçue, car je sais d'avance que je ne le réussirai pas aussi bien. Après le repas, nous faisions la vaisselle : bizarrement, j'adorais ce moment. Quand la famille était réunie, toutes les femmes se retrouvaient dans la cuisine : une devant l'évier et les autres équipées d'un torchon pour essuyer. Pendant ce temps-là, les hommes jouaient aux cartes. Ce que je trouvais chouette, c'était la bonne humeur qui régnait : chacun racontait des anecdotes, et nous rigolions beaucoup.

Le soir, je regagnais mon lit à côté de celui de mes grands-parents : c'était le privilège du plus grand des petits-enfants. Pour réchauffer mon lit aux draps un peu rêches, ma mamie y glissait une bouillotte. Je n'en ai jamais eue que dans ce lit et, pendant que celui-ci se réchauffait, je récitais ma prière, accompagnée de ma mamie. Ensuite, celle-ci m'embrassait sur le front et me disait :

— Bonne nuit, ma chatte !

C'était il y a plus de trente ans, mais ces souvenirs sont intacts, et les odeurs aussi : celle des champs et du fumier, mais surtout celle de l'intérieur de la ferme… J'aimerais tant pouvoir la sentir de nouveau.

Le présent, c'est maintenant !

Ma grand-mère est partie trop vite. À peine retraitée, elle a fait une chute : c'était en mai 1988. Les médecins lui découvraient alors un cancer qui allait l'emporter trois ans plus tard. Elle a été frappée de plein fouet par la maladie juste au moment où elle aurait pu s'accorder un peu de repos bien mérité. Quand on vit de la terre et de l'élevage, le repos, on ne connaît pas. Dans mes souvenirs, elle ne s'en plaignait pas. Elle ne s'était accordée que très rarement des vacances et avait encore moins voyagé. Mais elle avait sûrement des projets pour sa retraite, au-delà de ceux de vivre des jours paisibles à la campagne auprès de mon grand-père. Ce qui est sûr, c'est qu'elle n'a pas pu les réaliser : pendant presque trois ans, elle s'est battue contre la maladie, sans jamais montrer de colère ou de résignation. Elle était très croyante, et sa foi devait la porter. En avril 1991, malgré son séjour à l'hôpital, elle a tenu à ce que nous nous réunissions à la ferme pour le baptême de mon cousin, le dernier de ses petits-enfants : durant toute la cérémonie, elle était dans nos pensées. En fin de journée, nous sommes allés lui rendre visite : elle était déjà un peu partie. Certainement rassurée que tous ses petits-enfants soient entrés dans le monde de l'Église, sous la protection de Jésus, et contente d'avoir pu dire « Au revoir » à chacun d'entre nous, elle a arrêté de se battre et a tiré sa révérence le lendemain.

Alors, si mes yeux ont changé de couleur au cours de cette période, ma grand-mère y est pour quelque chose. J'en suis convaincue. C'était le premier enterrement auquel j'assistais, et je l'ai vécu de manière violente. Pour moi, il y avait une telle injustice : comment Dieu avait-il pu laisser faire cela ? Pourquoi la vie de ma grand-mère, qui s'était toujours donnée pour les siens, pour les gens du village et pour l'Église, avait-elle été obligée de prendre un raccourci, juste au moment où elle aurait pu en profiter, pour elle-même ? J'ai ressenti beaucoup de colère à cette période, et je me suis éloignée de l'Église pendant un temps. Puis je me suis souvenue de tous ces soirs où je récitais ma prière avec ma grand-mère : sa foi avait été sans faille jusqu'à son dernier jour. Alors, si elle-même n'avait pas éprouvé de la colère envers son Dieu, je ne devais pas en avoir non plus.

Aussi, si je devais tirer une leçon du vécu de ma grand-mère, ce serait de ne pas remettre à demain ce que j'ai envie de faire, de ne pas penser que je pourrais faire les choses plus tard. Car plus tard ne sera peut-être jamais. Trouver le juste équilibre entre mon envie d'être présente pour les miens et la nécessité de l'être aussi pour moi. En faisant des recherches, j'ai lu que le strabisme dénotait des contradictions et des dualités dans les relations avec l'entourage, comme s'il y avait un combat perpétuel entre le besoin de solitude et celui d'exister aux yeux des autres. Inspirée par cette lecture, je me suis mise à m'analyser : mon strabisme est-il la cause ou la conséquence de cette dualité que j'ai souvent sentie chez moi ? En effet, à de nombreuses reprises, j'ai été partagée entre l'envie de prendre du temps pour moi avec un côté très indépendant et mon besoin d'être utile aux autres et de laisser une empreinte dans ce monde. Et si tout cela était finalement écrit dès la naissance ? J'avoue aujourd'hui en être très troublée.

Dans quel monde vivons-nous ?

Ce fameux rendez-vous chez l'ostéopathe remonte à quatre ans. Sur le coup, je n'ai pas su quoi faire de toutes ces nouvelles informations, mais ce que je sais, c'est que, ce jour-là, l'ostéopathe a planté une graine dans mon cerveau : cette graine a germé et, de manière insidieuse, elle a déclenché en moi de nombreuses questions, afin que je trouve qu'elle pouvait être ma place. En effet, j'ai régulièrement eu l'impression qu'il me manquait quelque chose dans la vie, que j'avais quelque chose d'encore mieux à vivre. Pourtant, j'avais tout pour être heureuse. Ce qui explique peut-être que j'ai toujours besoin d'avoir un projet, et s'il n'est pas professionnel, il est personnel : c'est ainsi que j'ai alterné ma carrière et l'éducation de mes enfants. En reprenant ma vie professionnelle depuis le début, j'ai remarqué qu'elle se découpait en tranches de trois ans : en 1994, j'entrais en école de commerce avec option ressources humaines. En 1997, j'ai commencé à travailler. En 2000, j'ai changé d'entreprise. En 2003, j'ai eu ma première fille, et ma deuxième en 2006. Puis j'ai changé d'entreprise, et je suis devenue responsable des ressources humaines. En 2009, j'ai eu mon fils et, en 2012, j'ai créé ma société en reprenant un petit commerce que j'ai liquidé en août 2015.

Le 13 novembre 2015 à 21 h 20, un homme se faisait exploser sur le parvis du Stade de France… à cent mètres de mon travail. La veille, j'avais quitté mon boulot à 21 h 30. Ce soir-là, c'était un collègue qui quittait le travail à la même heure. Sur le cahier de liaison, il a écrit : « Bombe au McDo ! » Il a fui la zone sans savoir ce qu'il se passait. Il l'a découvert comme moi, avec effroi, en suivant les actualités. Tout était confus dans ma tête : l'horreur s'était passée au pied de mon bureau, et j'apprenais à ce moment-là que mon frère était parmi les spectateurs du Stade de France.

S'il nous a rapidement rassurés par message, devoir gérer cette crise par téléphone avec mes collègues pour essayer d'organiser la journée du lendemain au travail était surréaliste. J'étais déjà en plein brouillard par rapport à ma vie professionnelle, et cet événement a augmenté mon malaise, mon mal-être. Quel était le sens de la vie, si l'on pouvait mourir en rentrant du travail ? Si c'était le risque à prendre, ne valait-il pas mieux s'éclater dans son boulot, plutôt que d'enchaîner des journées sans grande saveur ? Si la vie pouvait s'arrêter aussi brutalement parce qu'un fou animé de convictions délirantes l'avait décidé, ne devais-je pas en savourer chaque minute, chaque seconde ? Si je devais aller bosser et risquer de ne pas en revenir, ne devais-je pas consacrer le temps, à la maison, à être vraiment avec tous ceux que j'aime ?

Le week-end fut très perturbant, et la route pour me rendre au travail le lundi, un vrai supplice. Quand un policier m'a demandé de sortir de ma voiture, m'a fouillée et m'a fait ouvrir mon coffre avant que je n'entre dans le parking, j'ai craqué. Dans quel monde vivions-nous ? Dans quel monde allaient grandir mes enfants ? Tout cela était absurde : la vie me semblait absurde. Nous n'étions pas venus au monde pour vivre les jours les uns après les autres, avec la peur que celui que nous étions en train de vivre soit peut-être le dernier ! Alors, pour ne pas connaître cette angoisse, ou tout au moins pour la minimiser, il me semblait fondamental de pouvoir vivre les journées pleinement, afin de n'avoir aucun regret. Les jours qui ont suivi, j'ai essayé de ne plus y penser, pour me protéger et ne pas inquiéter mon entourage : je suis allée bosser comme un robot, en adoptant le discours qu'on attendait de moi, un discours rassurant auprès des salariés. Mais la réalité était bien là, juste en bas de mes fenêtres : un périmètre de sécurité, la vitre explosée d'une brasserie où j'allais manger parfois, des traces de sang sur le trottoir… Et dans cette crise, n'étais-je pas une victime parmi les autres, n'avais-je pas le droit d'être fragile ? Non, il me fallait être forte, parce que c'est ce que tous attendaient de moi, non seulement en tant que membre du comité de direction, mais surtout en tant que responsable des ressources humaines. C'est aussi ce que je voulais montrer de moi. Alors, jour après jour, je me suis forgé, comme j'ai pu, une carapace, pour ne pas dévoiler la tempête qui s'était levée en moi.

Enfin le brouillard se dissipe !

Mais la boule au ventre a grossi... Elle est montée dans la gorge, et c'est plus qu'à fleur de peau et complètement perdue que je me suis rendue chez une énergéticienne au début du mois de décembre. Cette rencontre a déclenché une avalanche de décisions avec un aller sans retour. C'était comme si, cette fois, je ne pouvais plus n'être que dans la réflexion : je n'avais pas su gérer les informations données par l'ostéopathe, mais j'avais l'opportunité de faire, de nouveau, un arrêt sur image, et d'enfin sortir ce qu'il y avait au plus profond de moi. Cela bouillonnait, je ne pouvais pas rater cette deuxième occasion, car il n'était pas dit qu'il y en aurait une troisième !

Avec ses mots, cette énergéticienne a tenu le même discours :

— Virginie, pour moi, il est clair que tu n'es pas alignée avec ta mission de vie, et tant que tu ne seras pas en phase, tu ne dormiras pas bien.

Elle m'avait même dit qu'elle ne me voyait pas rester plus de deux ans dans l'entreprise où j'étais. Je me souviens avoir beaucoup pleuré, car je réalisais que je n'étais pas pleinement heureuse. Pourquoi ? Ma raison confortait mon corps qu'il était bien là où il se trouvait, mais mon cœur martelait qu'il me fallait être ailleurs pour être vraiment heureuse. Cela a été violent pour moi de le formaliser. Cette rencontre remonte à trois ans, et ensuite tout s'est accéléré : en février, j'ai constitué un dossier pour demander au Fongecif le financement d'un bilan de compétences en dehors du temps de travail. Je n'y croyais pas trop, car je ne répondais pas aux critères prioritaires, à savoir que j'avais un diplôme BAC+5, que j'étais dans une grande entreprise, que je n'avais pas encore 45 ans. Mais dans la lettre de motivation qu'il fallait joindre au dossier, j'ai tout mis à plat, je me suis livrée, en espérant que ma démarche toucherait quelqu'un de l'autre côté… et j'ai eu le bonheur d'avoir une réponse positive sous trois semaines à peine. Et là, je me suis dit que, dans la vie, il fallait oser demander, sinon on était sûr de ne rien avoir. J'ai donc fait mon bilan de compétences dès le printemps et, six mois plus tard, je prenais la décision de quitter le poste de responsable des ressources humaines que j'occupais depuis plus de dix ans, en demandant une rupture conventionnelle.

Alors, si je reprends l'idée que ma vie est une succession de tranches de trois années, je me mets à rêver à ce que sera la future tranche. Est-ce à dire que 2018 sera l'année d'une nouvelle grande étape ? Certes, cela paraît loin, mais que de bouleversements depuis la fin de la dernière période ! Un bilan de compétences, une rupture conventionnelle, une période d'essai non validée, un début de chômage. Je suis potentiellement au chômage jusqu'à l'été 2019, mais il est clair qu'aujourd'hui, je ne l'envisage pas du tout, car j'ai besoin que cela bouge. Mais être au chômage ne veut pas dire « calme plat ». L'idée qui se dessine est peut-être que je vais mûrir un projet qui connaîtra une impulsion à l'été 2018 et dont l'aboutissement et la révélation se feront en 2019.

Quoi qu'il en soit, clairement, cette rencontre n'est pas une coïncidence, mais je ne saurais dire si elle a été un déclencheur dans ma réflexion ou si, même sans elle, j'aurais entrepris cette quête de questionnement et d'introspection. En fait, je pense qu'elle en a été l'accélérateur. Ce qui est sûr, c'est que je ne pouvais pas continuer, comme je le faisais depuis mes 33 ans, à ne dormir qu'à l'aide de somnifères et à continuer à ressentir un vide que je n'arrivais pas à combler. Alors, il fallait que je saisisse ce moment pour changer les choses et en faire d'autres — ou plutôt les faire différemment.

Je ne sais pas si c'est le passage des 40 ans et l'idée d'avoir encore vingt ans à travailler, mais j'ai eu besoin de réaliser un bilan de compétences pour faire le point et vérifier s'il n'y avait pas un autre chemin professionnel qui s'ouvrait à moi. Les conclusions de cette démarche étaient, sans grande surprise, que j'avais des aptitudes et des compétences pour être dans l'accompagnement professionnel, mais qu'il me fallait changer d'environnement et de poste, afin de ne me consacrer qu'à cela. Pour autant, je n'ai pas osé prendre une nouvelle direction tout de suite : parce que j'avais peur, parce que ce projet n'était pas encore assez mûr, ou plutôt parce que je n'étais peut-être pas, moi-même, encore assez mûre. J'ai juste franchi une étape en demandant une rupture conventionnelle et en acceptant quelques mois plus tard sensiblement le même poste, mais dans un environnement différent. Finalement, quatre mois après, je me retrouve sans rien… Non, à bien y réfléchir, pas « sans rien », restons positive ! Je dirais que je suis riche d'une expérience de plus, durant laquelle j'ai fait de belles rencontres, et j'en ressors avec beaucoup plus de convictions quant à mon projet : en effet, durant ces quatre petits mois, j'ai accompagné de nombreux salariés sur des problématiques différentes, et j'ai adoré ça. À voir tous les témoignages lors de mon départ, mon passage avait touché beaucoup de personnes : à les entendre, ma bienveillance, ma disponibilité, ma simplicité et mes petites attentions leur avaient permis de voir un autre visage à la Direction.

Alors, si cette période de chômage était une sorte de pause pour me donner les moyens et le temps de m'orienter dans cette voie, de trouver une formation et de me faire une place ? Et si c'était ce qui pouvait m'arriver de mieux ? Et si, au lieu de la subir, j'en devenais la réalisatrice ? Dans quinze jours, c'est l'été… un peu comme si le ciel lui-même me disait de passer à autre chose avec la nouvelle saison et de voir la vie dans ce qu'elle a de plus beau, de profiter de la douceur des rayons de soleil, des sourires de mes enfants se réjouissant d'être bientôt en vacances, et d'offrir à mon mari une femme détendue, comme il me confie en rêver très souvent. Et pour enfoncer le clou, tout cela ne me coûterait pas plus cher d'adopter cette philosophie positive et cela m'apporterait certainement beaucoup, ainsi qu'à ceux qui m'entourent. J'ai souvent lu que les ondes positives attirent les ondes positives. Alors, expérimentons ! Et puis, la vraie bonne nouvelle dont nous allions tous profiter est que je pourrai partir avec toute ma famille en vacances, car, à la base, je n'avais pas pu poser les mêmes dates de congés que mon mari. Alors, finalement, n'était-ce pas un mal pour un bien ?

Sur le chemin de l'école

Nous sommes mercredi : première journée sans boulot, mais aussi jour des enfants. Alors, pas question de passer mon temps sur l'ordinateur à chercher du travail. Cela peut bien attendre, je m'y attèlerai dès demain. Mais pas question, non plus, de grasse matinée, lever à 7 h 30 pour accompagner mon loulou à l'école. Il fait beau, alors, ce sera à pied que nous ferons les cinq cents mètres qui séparent la maison de l'école… l'occasion de passer un moment privilégié avec mon petit garçon de bientôt 8 ans, qui grandit beaucoup trop vite. Lui aussi est content de voir le soleil à travers sa fenêtre ; il a tellement attendu les beaux jours pour pouvoir se mettre en tee-shirt et en short, avec sa casquette, souvenir de notre séjour aux États-Unis. Nous avons bien fait de faire ce voyage il y a deux mois ; j'avais négocié un congé sans solde à mon nouvel employeur. Nous avons visité New York, Washington, en passant par Philadelphie, le pays amish, pour finir à Miami, avec un détour par Key West ! Super voyage, très varié : deux semaines 24 heures sur 24 en famille. Nous en avons profité, sans préoccupations en tête, et ces quinze jours nous ont semblé durer beaucoup plus, tellement nous avons fait et vu de choses. Mais aujourd'hui, ce voyage paraît déjà bien loin et alors qu'il y a deux mois, je découvrais la grandeur des États-Unis un peu plus chaque jour, maintenant, il allait me falloir puiser au plus profond de moi la force pour me réinventer une vie professionnelle et en trouver les clés.

Enfin, à 8 h 15, ce n'est pas le moment : mon loulou est prêt, il a même eu le temps de se faire une houppette. Il n'est pas ravi d'aller à pied à l'école, car il n'en a pas l'habitude. Alors, il me trouve un tas d'excuses pour ne pas le faire :

— J'ai mal aux pieds… je te préviens, si je suis en retard à cause de toi... je n'aurai pas le temps de jouer avec mes copains…

Mais rien ne me ferait changer d'avis, à part peut-être une météo capricieuse… nous irons à pied à l'école. Très sensible, il n'aime pas que je me fâche. Alors, il me suffit de froncer les sourcils pour qu'il comprenne qu'il ne doit pas insister. Pour me signifier sa révolte, il décide de ne pas me donner la main et de marcher une dizaine de mètres derrière moi. Ce n'est pas l'idée que je me faisais de ce petit temps à deux. Mais que lui reprocher ? Ce n'est pas parce que beaucoup de choses avaient changé pour moi du jour au lendemain que ses petites habitudes devaient en être perturbées. De quel droit le privais-je de ce moment avec ses copains ? Pourtant, je suis convaincue qu'il peut apprécier comme moi ces instants du matin partagés.

J'ai même pensé le désinscrire de l'étude, voire des fameux TAP, temps d'activités périscolaires le matin, mais je dois avouer que ma première motivation était plutôt économique. Pourquoi paierions-nous pour faire garder notre fils, puisque j'étais à la maison, du moins pour l'instant ? Mais en consultant nos anciennes factures, je me trouvais soudainement bien ridicule de priver mon garçon de ces moments avec ses copains où il partageait bien plus que des activités manuelles ou les devoirs, pour à peine un peu plus de quarante euros par mois. Nous n'en étions quand même pas là… En tout cas, pas encore. D'autant que mon ancien employeur, n'ayant pas respecté de délai de prévenance en lien avec ma période d'essai, me payait jusqu'à la fin du mois. Certes, cela décalait ma vraie inscription au chômage d'autant de jours, mais cela nous laissait le temps de voir venir et de changer nos habitudes si la situation devait durer.

Dans le même ordre d'idée, j'ai envisagé de me séparer, même temporairement, de notre femme de ménage. Je n'ai pas osé en parler à mon mari, car il tient trop à Teresa. Il y a sept ans, il s'est tellement battu pour que je capitule et accepte d'engager une femme de ménage : j'avais trois enfants, je finissais mon congé parental, j'allais reprendre le travail et, de nature « sois forte ! », je me persuadais que j'arriverais à tout gérer. Aujourd'hui, je l'en remercie, mais je suis prête à l'envisager si la situation perdure et si, financièrement, les choses se compliquent. Parce que, oui, je culpabilise à l'idée d'être à la maison et de faire venir quelqu'un pour assurer le ménage et le repassage. J'ai du temps pour le faire. Mais je ne fais pas « venir quelqu'un », nous faisons travailler Teresa, et c'est là toute la différence : elle vient tous les jeudis matin. Elle a vu grandir nos enfants, elle a un petit mot pour chacun quand elle arrive à 8 heures et qu'ils s'en vont à l'école. Elle nous facilite la vie en tenant notre maison propre et en repassant nos vêtements. Comme le dit mon mari, elle est précieuse, Teresa… Alors, ce n'est pas un petit accident de parcours dans ma vie professionnelle qui va tout chambouler, et si, bientôt, la situation revenait à la normale, nous aurions bien du mal à retrouver une deuxième Teresa !

Mais je me suis égarée. Revenons-en à mon petit garçon – plus si petit que cela d'ailleurs – qui marche une dizaine de mètres derrière moi. Je m'arrête, l'attends et lui dis :

— C'est rare que nous ne soyons que tous les deux. Maman est ravie de ce moment avec toi, sans papa, sans tes sœurs. J'en ai de la chance d'avoir mon petit garçon rien que pour moi.

Il me regarde, je le regarde et je lui fais un bisou. J'aperçois un léger sourire de fierté, et sa main se tend pour attraper la mienne. Nous avons fini le reste du chemin main dans la main. Vivement demain pour reprendre là où nous en sommes restés !

Et si les courses devenaient un jeu ?

De retour à la maison, j'entreprends de la ranger rapidement : avec trois enfants, c'est un éternel recommencement. Table du petit déjeuner pas débarrassée, chaussures et manteaux qui traînent dans l'entrée, tri du linge pour la lessive que je lancerai après les courses... car oui, le frigo est vide. Alors, mission remplissage !

Arrivée au supermarché, je me briefe intérieurement : « Achète l'essentiel, ne t'attarde pas dans les rayons. » Comme si le montant du ticket de caisse était lié au temps passé en magasin. Tout cela, pour ne pas avoir trop à réfléchir et à gérer des cas de conscience... Mais c'est finalement bien mal me connaître ! Déjà regardante sur les prix, je pousse le vice un peu plus loin : à chaque produit, je compare, cherche celui signalé avec ristourne. Si, pour les produits classiques, je ne cherche pas à changer mes habitudes, je réfléchis à deux fois pour certains autres, comme les fameuses pastilles pour le lave-vaisselle. Ainsi, je suis tentée de prendre celles de la marque de l'enseigne, au lieu de prendre les habituelles « 3 en 1 qui font briller la vaisselle », convaincue que ma machine ne verra pas la différence, et ma famille non plus ! En attendant, mon budget courses en serait allégé de 2 euros. J'hésite... pars... et finalement reviens pour prendre les pastilles moins chères. Et là, c'est mon côté raisonnable qui prend le dessus, celui qui, je le sais, agace au plus haut point mon mari. Mais je me dis que nous ne pouvons décemment pas continuer à consommer comme avant, en sachant que « mon revenu » est diminué quasi de moitié. Si ce n'est pas moi qui fais attention, qui le fera ?

Alors, je traque tous les produits portant un sticker : c'est l'avantage d'avoir un congélateur. Même proches de leur date de péremption, je peux les stocker et les consommer beaucoup plus tard. Finalement, j'arrive en caisse avec un caddie moyennement rempli, avec l'ingénieuse idée de revenir plus souvent pour profiter plus régulièrement des promotions. En regardant mon ticket de caisse, il me vient une idée : et si je calculais ce que j'avais économisé ? Le but serait d'économiser encore plus la prochaine fois… l'occasion de transformer la corvée des courses en jeu ! Aujourd'hui, le verdict est de 20 % d'économie ! Quid du prochain passage en caisse ?

À peine arrivée à la maison, je reçois un texto de mon mari me demandant si j'ai fait les courses et si j'ai pensé à acheter des pastilles pour le lave-vaisselle. Contente de ne pas avoir failli, je lui réponds par l'affirmative. Mais il insiste :

— Tu n'as pas acheté le premier prix ?

Ouf ! non, je n'avais pas acheté le premier prix et là, même si je savais que je ne lui mentais pas, je savais aussi que j'allais avoir une réflexion… c'est quand même fou que la seule question qu'il ait posée soit celle concernant les pastilles de lave-vaisselle ! Faut dire que cette machine et lui, c'est quasiment une histoire de couple : tous les soirs, je monte coucher les enfants et lui finit de ranger la cuisine, nettoie ce qui ne rentre pas dans le lave-vaisselle. Quand ce dernier est plein, il met la fameuse pastille dans le panier de la machine et appuie sur le bouton « départ ». À l'entendre, il n'y a que lui qui sait bien remplir le lave-vaisselle, et toute initiative fantaisiste de ma part ou de celle des enfants lui fait lever les yeux au ciel, comme si l'enjeu était extrême. Alors, quoi de plus normal qu'il sache que nous n'étions pas loin d'être en rupture de pastilles et qu'il connaisse les plus efficaces ? Mieux valait s'attendre à une réflexion et préparer une parade à son retour pour détendre l'atmosphère.

Une fois les courses rangées, il est déjà l'heure d'aller rechercher mon garçon. J'ai vraiment l'impression de ne pas avoir fait grand-chose. À 11 h 30 devant l'école, je me retrouve à attendre que les enfants sortent, en compagnie des autres mamans qui ne travaillent pas, ou pas le mercredi, et des grands-parents dont c'est le rôle et le bonheur de s'occuper des petits-enfants ce demi-jour d'école. Cela me rappelle mon congé parental. Celui-là non plus, je ne l'avais pas choisi : notre nounou nous ayant lâchement abandonnés juste avant les fêtes, je n'avais pas réussi à trouver de remplaçante pour la nouvelle année. Avec le recul, je n'étais peut-être pas plus motivée que cela à en dénicher une. Mais c'est une autre histoire qui m'a valu quelques séances chez une psychologue : à croire que déjà à ce moment-là, une pause était nécessaire. Pourtant, je ne l'assumais pas. Au lieu de cela, à bien y réfléchir et à analyser les choses avec impartialité, je présentais la situation comme si je n'avais pas d'autre choix : je n'avais personne pour s'occuper de mes enfants et, pour le bien-être de la famille, il me fallait prendre un congé parental jusqu'à la rentrée suivante. Mais, au fond de moi, je pense que je désirais m'accorder cette pause avec mes enfants, alors que ce n'était pas envisageable pour la superwoman que j'étais ou, tout au moins, que je croyais être. Quelque chose me poussait à montrer qu'avoir trois enfants, travailler en tant que cadre dans la distribution était chose possible, que ce n'était qu'une question d'organisation. Ça, c'est mon côté « sois forte ». Mais qu'est-ce que c'est bête de définir un chemin de vie en fonction du regard des autres, de ce qu'ils vont penser si j'ose révéler une faiblesse !

La « sois forte » doit assurer, faire, ne pas demander d'aide et remercier les autres qui se proposent par un « merci, ça va aller ! » Mais c'est fatigant. Alors, la pause, je l'ai prise quand elle s'est faite inéluctable et j'ai profité de mes trois enfants en plein âge de découvertes et d'émerveillements. Je ne regrette pas cette période où j'étais dans le présent, à vivre l'instant : l'instant des sourires, des jeux, des premiers jours à l'école, des premiers mots de lecture, des premiers pas, car, bizarrement, cette période a été symbole de beaucoup de « premiers », et finalement, je m'en serais voulu de ne pas avoir été présente. Car, comme on dit, si « le temps passé ne se rattrape guère, le temps perdu ne se rattrape plus… » Mais, une fois de plus, je me disperse… Alors, me revoici à la sortie de l'école, à attendre mon loulou. Rapidement, il sort et, avec un grand sourire, dit à ses copains :

— Oh ! ma maman est là !

Nous voilà repartis vers la maison, main dans la main. Mon garçon me raconte en détail toute sa matinée : son travail et les devoirs qu'il a à faire pour le lendemain, les histoires qu'il y a eu à la récréation.

Peu de temps après notre retour à la maison, ce sont mes filles qui rentrent du collège et mon mari de son travail. Tous sont affamés, et rien n'est prêt ! Mon mari, avec un clin d'œil, me glisse :

— C'est bien la peine d'avoir une femme à la maison, si le repas n'est pas prêt à l'heure…

Je sais qu'il rigole, mais il a raison, je dois assurer au moins là-dessus. Alors, ce sera des pâtes, et dix minutes plus tard, mes quatre affamés se régalent avec des coquillettes au gruyère et au ketchup. Une fois la table débarrassée et le lave-vaisselle rempli, du coin de l'œil, j'observe mon mari prendre une pastille dans le pot à lait (héritage des grands-parents de mon mari, auquel nous avons trouvé une belle reconversion : réservoir de pastilles pour lave-vaisselle. Ce qui est, faut avouer, assez esthétique et plutôt à la mode de nos jours où le vintage retrouve toute sa noblesse). Je ne peux m'empêcher de sourire et, avant qu'il ouvre la bouche, je m'empresse de dire :

— Je n'ai pas pris le premier prix…

Mais cela ne l'a pas empêché de me sermonner :

— Chérie, tu ne vas pas commencer à faire ça ! Cela va m'énerver si tu continues à faire des économies à deux balles. Tes pastilles, c'est de la merde, cela ne lave pas bien. Jette-moi ça !

Pas question de jeter, mais je me suis engagée à prendre à l'avenir des pastilles de marque, juste après lui avoir demandé si, la prochaine fois, je pouvais acheter une boisson citronnée de marque au lieu de celle achetée habituellement. En effet, cela fait une économie de quasi 1 euro par semaine et ne devrait pas fondamentalement changer le goût de sa citronnade… Il a souri et m'a dit oui. Mon combat n'était pas vain ! Mais, connaissant mon mari, je sais à l'avance que cette histoire de pastilles de lave-vaisselle n'en restera pas là et qu'elle va devenir un sketch que nous allons jouer devant famille et amis.

Profite !

Le lave-vaisselle lancé, passons aux choses sérieuses : la sieste ! Alors, direction canapé : petit rituel habituellement réservé au dimanche… Mais quel luxe de s'autoriser une sieste en semaine ! Pour le coup, c'est un luxe que je ne me refuse pas, car je ne peux pas dire avoir bien dormi pendant ma première nuit en tant que chômeuse. Non, ce n'est pas exact, je ne suis pas encore chômeuse : je suis en préavis payé non effectué durant un mois ! Un mois où je pourrais faire comme si de rien n'était et profiter : d'ailleurs, ce fut la première réaction de mon entourage en apprenant la nouvelle, et j'y décelai comme de l'envie : « Profite ! »

— Tu vas pouvoir profiter de tes enfants, de ta famille : y a que cela de vrai…

— C'est bientôt les vacances, profite de ces mois pour te détendre et être d'attaque pour la rentrée !

— De toute façon, ce n'est pas pendant l'été qu'il va se passer quelque chose… C'est mort l'emploi à cette période. T'as raison d'en profiter pour réfléchir à faire autre chose.

Mais profiter, ce n'est pas dans ma nature, et je sais que je vais rapidement trouver une tonne de choses à faire en plus de chercher du travail, surtout en cette fin d'année scolaire, période toujours bien remplie pour une maman de trois enfants. Alors, pas de doute que les vacances vont arriver vite ! D'ici là, j'espère avoir avancé, trouvé les réponses à mes questions, car si je peux éviter de trop penser la journée, je sais que la nuit, tout refera surface et le plafond de ma chambre risque d'être rempli d'un tas de points d'interrogation. De belles nuits en perspective…

Comme je ne sais pas faire de sieste flash et que, chez moi, une sieste dure au minimum une heure, à mon réveil, il est quasiment le moment de conduire mon fils à son cours de natation, à 16 heures : pour une fois, je vais non seulement l'y amener, mais je vais aussi rester le regarder. Ce n'est pas que je n'ai rien à faire d'autre, mais j'ai le temps et, à voir sa mine réjouie, je réalise que, pour lui, cette petite heure que je lui accorde est comme un cadeau ! Il est ravi de me montrer comme il a progressé et comme il nage vite en crawl. Ma fille aînée décide de se joindre à nous. Ce sera l'occasion de passer aussi un peu de temps rien que toutes les deux.

C'est donc derrière une vitre, chacune assise dans un fauteuil, que nous observons mon garçon évoluer dans le bassin. Ma fille se rend à un anniversaire samedi, et elle me montre ce qu'elle a acheté pour sa copine. Elle est en 4e, mais à ce moment-là, c'est bien une petite fille, ma petite fille, en train de décorer un verre en plastique transparent avec des licornes adhésives de toutes les couleurs : c'est le cadeau qu'elle offrira à sa copine. Je ne sais pas pourquoi, mais cela me rassure de voir ma fille s'extasier devant de petites licornes de couleur. Enfin, si, je sais pourquoi : j'ai souvent l'impression que les jeunes d'aujourd'hui ne s'émerveillent plus pour grand-chose, que tout est banalisé. Mais j'observe ma fille fixer ces adhésifs sur le verre, comme quand elle avait deux ans et qu'elle collait des gommettes de couleur… C'est touchant !

Pendant ce temps-là, mon garçon nage, fait des allers-retours et, régulièrement, lève la tête pour s'assurer que nous le regardons bien, avec un sourire jusqu'aux oreilles, tellement il est content d'avoir ses spectatrices attitrées dans les tribunes. Ma fille va s'acheter une canette au distributeur, et là, c'est une adolescente, ma grande fille, que j'observe. Elle a soif, mais n'a plus besoin de maman. Avec son argent, elle peut s'offrir sa canette. Elle semble si heureuse de ce début d'indépendance que je la laisse dépenser son argent, alors qu'au fond de moi, ma remarque était toute prête à sortir : « Tu boiras à la maison, le cours de ton frère est bientôt fini ! » Sa boisson semble bien meilleure que d'habitude. Eh oui, ma fille ! tu verras que tu apprécieras à leur juste valeur toutes les choses que tu t'offriras, car tu en connaîtras le prix. De retour à la maison, mon mari propose de faire un barbecue. Il fait bon, nous sommes en famille, un avant-goût des vacances alors. Oui, pourquoi pas un barbecue ? C'est l'avantage d'un congélateur, il y a toujours des saucisses prêtes ! Une petite salade de tomates préparée avec ma cadette, et le tour est joué. La soirée se termine sur la terrasse avec le soleil qui nous offre une douce lumière orangée pour clôturer cette belle journée en famille. Si le chômage ressemble à ça, dans cette insouciance, alors finalement je m'amuse à prier pour qu'il dure, qu'il dure… que le temps s'arrête, que mes enfants arrêtent de grandir. Mais je sais que c'est vain, que la vie file… qu'il y a peu de place pour l'insouciance. Pourtant, à cet instant précis, je me prête au jeu d'y croire, de juste « être » et de profiter.

Quatorze ans de mariage: noces de plomb

Aujourd'hui, le réveil est plus difficile. Pourtant, la nuit avait bien commencé: hier soir, je me sentais bien, entourée de mon mari et de mes enfants, complètement détendue. Une fois les enfants couchés, mon mari et moi avions envie de nous retrouver, sentir que nous étions bien ensemble pour passer cette étape délicate. La tension des derniers jours avait été trop forte et il nous fallait l'évacuer. Rien de tel qu'un gros câlin sous la couette!

Depuis le soir où je suis rentrée avec cette mauvaise nouvelle à annoncer à ma famille, mon mari a été d'une bienveillance et d'un soutien sans faille. Cela fait bientôt vingt ans que nous sommes ensemble et il m'a toujours suivie, quels que soient mes décisions et mes choix concernant mon parcours professionnel. Nous nous sommes rencontrés au travail: c'était notre premier boulot une fois notre diplôme en poche. Depuis, j'ai changé trois fois d'employeurs, et lui est resté fidèle au premier. C'est sans parler de mon expérience en tant que gérante d'un commerce où j'ai eu le privilège d'être mon propre employeur. Il n'est pas rare d'ailleurs qu'il me taquine sur mon infidélité professionnelle, avec l'espoir que je ne sois pas aussi volage dans la vie privée. Et lui, sera-t-il l'employé d'un seul employeur toute sa vie comme il sera, je l'espère, l'homme d'une seule femme, moi?

Une fois de plus, je perturbais notre petit équilibre familial à cause, cette fois, de mon futur statut de chômeuse. Pour autant, il était là, philosophe, accompagnant, en aucun cas accusateur ou en colère, si ce n'est envers mon ex-patron. Même si je sens, dans ses remarques humoristiques, une façon pour lui de minimiser la situation et de donner l'air de la maîtriser quand même, il se veut rassurant et confiant. Alors qu'il est sur le point de se laisser aller dans les bras de Morphée, je voudrais lui dire combien j'ai de la chance qu'il soit avec moi, toujours du même côté que moi, et il me revient en tête la chanson d'Axelle Red, « Parce que c'est toi ». Je la lui avais dédicacée quand je lui ai parlé de mariage : je savais que c'était lui, pour ce qu'il était, lui ! Aujourd'hui, nous en sommes à quatorze ans de mariage : ce sont les noces de plomb. Pas très glamour, mais le plomb est à la fois solide et malléable. Donc, nous devrions être assez forts et en même temps capables de nous adapter à cette nouvelle situation. Même s'il y a plus dur et plus dévastateur dans un couple, je sais que la vie nous met à l'épreuve : je me doute qu'il ne va pas y avoir que les pastilles de lave-vaisselle comme sujet de discorde, mais notre relation n'en deviendra que plus forte, j'en suis convaincue.

Je vous présente mes nouveaux amis

Mais cet éloge à mon mari fut rapidement interrompu, mon cerveau ayant repris son intense activité et, durant une bonne partie de la nuit, je n'ai cessé de cogiter : comment dois-je m'y prendre ? Quel est le boulot que j'aimerais réellement faire ? J'ai le sentiment de pouvoir jouer différemment mon jeu avec les cartes que j'ai entre les mains : mes valeurs, ma personnalité, mon expérience, mes relations. Mais comment faire ? Par quoi commencer ? Je tourne ces questions dans tous les sens, et je suis sûre que j'aurais été plus efficace si je m'étais levée. Pourtant, ce matin, c'est différent : tout le monde travaille et je vais passer la journée toute seule. Mais pas question de broyer du noir ! Alors, je m'offre encore quinze minutes à traîner au lit ; lever à 7 h 45, je déjeunerai au retour de l'école. Mes enfants sont déjà debout, quasiment prêts, et j'ai à peine le temps d'embrasser mes filles avant qu'elles ne partent au collège. Teresa arrive à 8 heures : je l'informe que j'accompagne mon loulou à l'école et que je reviendrai à la maison, car, ça y est, je n'ai plus de travail. De retour, petit déjeuner en écoutant la chronique de Canteloup. Cet humoriste a un don : en plus de celui d'imiter, avec talent, une multitude de personnes célèbres, il nous fait tout oublier le temps de sa séquence, tellement notre attention est concentrée sur les voix et la subtilité des dialogues. Alors, durant un instant, j'ai oublié que je n'allais pas bosser aujourd'hui et tout était normal.

Mais une fois les informations de 9 heures passées, direction l'ordinateur : première étape, inscription sur le site de Pôle Emploi. Très rapidement, je suis bloquée dans ma démarche, car, percevant une indemnité compensatoire d'un mois de salaire pour le non-respect du délai de prévenance de la fin de période d'essai, le site m'informe que je ne peux m'inscrire en tant que chômeuse avant la fin du mois. Et nous ne sommes que le 8. Donc, rien à attendre du côté de Pôle Emploi d'ici là. Par contre, je découvre le site et je le trouve plutôt bien fait avec ses différentes catégories : la recherche d'emploi, les formations, les indemnités. J'en profite pour faire une simulation plus précise de mes futures indemnités. Aïe, ça va changer la donne. J'ai intérêt à être bonne à mon nouveau jeu des courses ! La bonne nouvelle, c'est que je serai indemnisée a priori à partir de mi-juillet, soit dans cinq semaines. Je craignais que le délai de carence soit plus important. Je note de consulter le pavé « formation » dès demain, car je suis de plus en plus certaine que cette période peut être l'occasion de me former.

Mais, pour aujourd'hui, ce n'est pas le plus important. Alors, deuxième étape : mise à jour de mon curriculum vitae. L'an dernier, à la même période, j'étais déjà sur la rédaction de mon curriculum vitae, car je ne me sentais plus très bien dans ma mission. Je l'avais alors envoyé à huit entreprises au cours de l'automne et j'avais attendu les réponses. Je n'en avais eu que trois, dont deux négatives. La troisième avait été plus longue à venir, mais m'avait donné l'opportunité d'un entretien. Le processus de recrutement avait été assez long, mais il découla sur la signature d'un contrat. Aurai-je la même chance ? Moins sûr, car cette fois-ci, je suis à la recherche d'un travail sans en avoir un. Ce qui est beaucoup moins confortable et moins attirant, je pense, du point de vue de l'employeur. L'avantage, par contre, c'est que là, j'ai du temps pour chercher mon futur emploi, ce qui n'était pas évident l'an dernier. En effet, après le boulot, les enfants, la maison (et mon mari !), difficile de trouver le temps et l'énergie pour s'atteler à une recherche d'emploi.

Naïvement, je pensais que la mise à jour de mon curriculum vitae allait être une rapide formalité, dans la mesure où je n'avais que quatre mois à compléter. Mais finalement, elle génère de nouvelles questions : j'hésite à rajouter cette expérience, car elle pourrait me desservir plutôt que me servir. En effet, pas facile d'avouer à un futur employeur, lors d'un entretien, que notre ancien employeur a mis fin à notre période d'essai. Et si je faisais comme si ces quatre derniers mois n'avaient pas existé. Mais, si tel était le cas, comment expliquer ma décision de quitter un poste que j'occupais depuis dix ans pour m'inscrire au chômage ? Cette prise de risque ne me ressemble pas, alors que l'enchaînement réel des événements, OUI ! Alors, après mûre réflexion, j'opte pour la transparence, en aiguisant mon futur discours : cette expérience m'a confortée dans l'idée que je faisais fausse route et qu'il était temps que je change de trajectoire. Ce qui, cela dit, est fondamentalement vrai et souligne de fait la maturité de mon projet.

Troisième étape, je me connecte à toutes les plateformes d'emploi et je vais mettre à jour mes comptes, en actualisant mon curriculum vitae et mes alertes. Je ne les avais pas supprimées, à croire que j'avais un pressentiment… Je choisis d'utiliser les mêmes, car elles m'avaient plutôt réussi l'an dernier. Mais je dois avouer que le nombre de plateformes d'offres d'emploi est impressionnant. Difficile de savoir ce que l'une a de mieux qu'une autre. Ce qui est sûr, c'est que certaines ne me rassurent pas, comme celle du nom d'une chanson du groupe Gipsy Kings, « Jobijoba ». Cette impression n'est pas fondée, car je n'ai pas testé la plateforme, mais, naturellement, je n'ai pas le sentiment de pouvoir y trouver un emploi sérieux. C'est comme « Le bon coin ». Si j'utilise le site pour vendre des choses dont je ne veux plus, j'ai du mal à croire que mon futur employeur viendra m'y chercher. Je changerai peut-être d'avis si, d'ici quelque temps, je ne trouve pas et pourrai être surprise des résultats. Mais pour l'heure, je me connecte à Indeed, Cadremploi, Apec et, bien sûr, au site de Pôle Emploi. Enfin, je crée les fameuses alertes pour recevoir les annonces directement par mail sur mon téléphone. La création des alertes m'oblige à formaliser les postes qui m'intéresseraient. Alors, je me lance : en priorité, consultante en accompagnement et conseillère en orientation professionnelle, puis formatrice, et, en dernier choix, responsable développement des ressources humaines et responsable des ressources humaines.

Après le libellé de mission, le type de contrat : contrat à durée indéterminée (pour plus de stabilité… et en même temps, je viens d'apprendre à mes dépens que rien n'était moins sûr !), contrat à durée déterminée et intérim (pour multiplier les expériences). En fait, je suis prête à envisager toute sorte de collaboration, pourvu que cela m'enrichisse et aille dans le sens de mon projet. Ensuite : temps partiel ? Temps complet ? Spontanément, je dirais temps complet. En effet, j'ai travaillé à temps partiel jusqu'il y a peu, mais c'était pour passer du temps avec mes enfants qui étaient encore petits. Maintenant, ils peuvent se gérer un peu seuls. Par contre, je pourrais envisager d'accepter un temps partiel (cela me permettrait d'assurer un revenu et, en parallèle, de me lancer comme indépendante : un bon compromis, car je ne me sens pas prête pour l'indépendance totale). Pour ce qui est de la zone géographique, mon temps de trajet étant plus important que la distance, je coche « Île de France », et j'aviserai en fonction des offres. Plus qu'à sélectionner le fait que les alertes soient quotidiennes. Voilà, c'est fait ! J'espère que mes nouveaux amis penseront à moi et m'enverront dès demain tout plein d'annonces à décortiquer.

Juste besoin de faire le vide

J'éteins l'ordinateur, j'en ai plein la tête. J'ai besoin de me changer les idées, de faire le vide, de faire quelque chose de concret, qui se voit. Pour moi, rien de tel que le ménage avec la musique à fond. Mais Teresa était là ce matin, et la maison est propre. Cherchons bien, il y a sûrement un coin qui mérite un bon coup de nettoyage. Il ne me faut pas longtemps pour trouver quelle sera ma cible pour cet après-midi : l'armoire de la salle de bains. Alors, je lance la musique, et c'est parti ! Je sors tout ce qu'il y a sur les étagères, nettoie à fond l'armoire et m'attaque au tri : ce n'est qu'un sac poubelle et une bonne heure plus tard que je me sens satisfaite. Oui, cela m'a pris du temps, car je triais, je chantais, je dansais devant la glace sur la musique des années quatre-vingt (que voulez-vous ? Je suis fan et nostalgique !), et puis j'ai fait des découvertes incroyables : des échantillons « en veux-tu en voilà ! », que je garde, mais que je ne pense jamais à utiliser (sauf que, maintenant, je vais m'en servir, car non seulement j'ai le temps de les mettre et, en plus, cela me fera « économiser » les produits que j'utilise habituellement. Il n'y a décidément pas de petites économies). Je trouve aussi des crèmes amincissantes qui font espérer un corps de rêve, mais que je n'ai pas le temps d'appliquer matin et soir pour un résultat efficace et que, finalement, j'ai abandonnées. Résultat : la cellulite de mes cuisses est toujours bel et bien là. Il y a aussi cette crème autobronzante que j'ai achetée pour donner à mon corps une teinte hâlée. Elle est dans l'armoire depuis tellement de temps que je crains maintenant de l'appliquer, même sur un coin de peau, de peur que celle-ci ne vire au ton « carotte fanée ». Enfin bref, j'ai de quoi me poser des questions sur mon mode de consommation ! Quoi qu'il en soit, faire du tri m'a fait un bien fou.

Aussi, une autre chose positive de cette pause forcée : elle va me permettre de trier, de jeter, de ranger. Cela peut aider aussi à avoir les idées plus claires. Alors, grande résolution : chaque jour, je m'occuperai de nettoyer, trier, ranger un coin de la maison. En activité depuis vingt ans et avec trois enfants, cela m'a démangé plus d'une fois de m'y atteler, mais souvent le temps et l'énergie m'ont manqués. Alors, pas question de rater cette occasion et de reprendre un boulot en regrettant de ne pas avoir visité tous les recoins de la maison. Car c'est fou ce que nous accumulons, empilons, stockons, avec l'idée que cela pourra peut-être servir. Et qui sait ? Je pourrai peut-être vendre quelques trucs, histoire de faire un peu de place, mais aussi un peu d'argent…

« Aujourd'hui est un cadeau, la preuve, il s'appelle présent »

Je crois que c'est le premier matin où j'ai ressenti comme un vent de panique. OK, mon curriculum vitae est fait et est en ligne sur tous les sites qui peuvent exister. OK, j'ai décidé de faire une formation. OK, je vais regarder toutes mes alertes emplois chaque jour. OK, je vais nettoyer de fond en comble la maison en attendant. Mais cela va-t-il suffire à ce que je retravaille un jour ? Cela va-t-il occuper toutes mes journées ? Y a-t-il vraiment un poste qui m'attend quelque part ? Ne me suis-je pas bercée d'illusions ? Existe-t-il réellement, le poste dans lequel je serai épanouie ? Pourquoi suis-je toujours insatisfaite ? Ai-je le droit d'imposer cela à ma famille ? Quelle image est-ce que je donne à mes enfants : une maman qui reste à la maison et qui vit des allocations chômage ? Ne ferais-je pas mieux de postuler à toutes les annonces de responsable des ressources humaines ? De quel droit est-ce que je m'offre le luxe de sélectionner le poste, le lieu géographique et même le secteur ? Car je ne veux pas travailler dans l'industrie ou la banque, par exemple.

J'ai ressassé toutes ces questions et bien d'autres encore, sans y apporter de vraies réponses, si ce n'est que je n'avais pas choisi la situation, que je la subissais. Mais, même là, je me demandais si c'était bien le cas. En effet, j'aurais peut-être pu essayer de rentrer dans le moule que mon patron avait prévu pour mon poste. Eh bien, non ! À 42 ans, il m'a semblé important de jouer « cartes sur table », de lui dire que j'avais besoin de plus de latitude et d'autonomie. Un peu comme quand nous entamons une nouvelle relation de couple à 42 ans, nous savons ce que nous voulons, mais aussi ce que nous ne voulons pas. Alors, ça passe ou ça casse… Il est clair que d'un point de vue professionnel, cela a cassé !

Pour relativiser, je m'amuse à repenser à ce qu'une amie m'a dit quand elle a appris la nouvelle :

— Tu sais, c'est comme dans une relation, après avoir vécu une histoire de dix ans, il est rare que le mec suivant soit vraiment le bon !

Un peu comme si, pour ne pas rester seules, nous avions besoin de retrouver vite un compagnon, histoire de rentrer de nouveau dans la norme, de montrer que nous plaisons encore. Sur l'instant, je sais que je n'ai pas pris ce nouveau boulot pour ces raisons, mais peut-être que j'ai effectivement perdu un peu de mon impartialité devant un futur employeur qui semblait heureux de m'avoir trouvée, ravi d'échanger et de collaborer avec moi et convaincu que mon regard extérieur pouvait lui apporter beaucoup.

Avant de retrouver une amie pour déjeuner et pour repartir dans une spirale positive, je me donne pour mission de cibler les différentes formations qui m'intéresseraient et de contacter, via les réseaux professionnels, des consultants qui les ont suivies. J'hésite entre deux types de formation, les deux étant sur une démarche d'accompagnement professionnel : l'une se fait en format court de quelques semaines, et l'autre en format long, à l'université. Spontanément, je m'orienterais sur le format court, car je ne me vois pas retourner « en cours » pendant toute une année. Je dois dire aussi que je culpabiliserais de m'offrir le luxe de me former pendant un an, moi, à 42 ans, mère de trois enfants... Quoi qu'il en soit, à y regarder de plus près, le délai d'inscription à l'université pour ce cursus est déjà passé et, par conséquent, si je voulais à tout prix le suivre, il me faudrait attendre la rentrée suivante. Mais avant de prendre ma décision sur ces considérations matérielles, j'ai l'idée de sonder des consultants ayant suivi l'une ou l'autre formation, par le biais du réseau LinkedIn. Ainsi, je me connecte à leurs profils et les sollicite pour savoir, avec leur recul et au vu de mon parcours, quelle serait la formation la plus appropriée pour mon projet. Très rapidement, mon réseau se développe : j'ai de nombreux retours avec des coordonnées jointes si jamais j'avais besoin de plus amples renseignements. La solidarité existe, même dans le monde professionnel, il faut y croire. Leurs réponses sont rassurantes et en phase avec ce que je pensais : les organismes choisis ont bonne réputation et, comme je suis dans les ressources humaines depuis plus de dix ans, il n'est pas forcément nécessaire de suivre une formation longue. Maintenant, reste le financement, car la formation coûte cher et je ne souhaite pas, pour l'instant, utiliser les économies de la famille. J'ai toujours un sentiment de culpabilité, car, avec la création de mon entreprise en 2012 et la cessation d'activité, trois ans plus tard, j'ai fait perdre pas mal d'argent à notre famille. Alors, je préférerais trouver des aides aux financements avant d'y avoir recours. J'ai beaucoup d'espoir dans la prise en charge par le Pôle Emploi, peut-être trop d'espoir d'ailleurs, mais je vais devoir m'armer de patience, car je ne pense pas avoir un rendez-vous tout de suite.

C'est avec toutes ces questions en tête que j'arrive au déjeuner prévu avec mon amie. Elle a déjà connu le chômage et m'avoue avoir eu du mal, au début, à accepter cette situation et à y trouver un sens. Mais aujourd'hui, elle m'explique ne jamais avoir été aussi bien, que cette période était un véritable cadeau : du temps pour se consacrer à soi, rien qu'à soi, pour définir un nouvel avenir professionnel, pour se former. Elle a ainsi eu la possibilité de rencontrer un tas de personnes intéressantes, d'avoir plus de temps pour sa famille, ses amis, pour faire du sport… Elle me rassure en me disant que je n'ai rien volé à personne, que je ne dois pas oublier que je subis la situation, que cela fait vingt ans que je travaille et qu'à ce jour, j'ai eu trois beaux enfants et par conséquent, pour toutes ces raisons, je peux m'offrir une pause, que je dois l'accepter comme un cadeau. Plus facile à dire qu'à faire, mais à ce moment même, une phrase d'un inconnu, que j'ai lue il y a peu, me revient comme un boomerang : « Aujourd'hui est un cadeau, c'est pour cela qu'il se nomme présent ! » Alors, je me fais une sorte de promesse : chaque fois que je douterai, je respirerai, regarderai autour de moi et remercierai pour le cadeau.

La terre, la vie, le sens... là est l'essentiel

Début d'une nouvelle semaine, et la première sans travail! Je me demande combien il va s'en passer avant que je ne reprenne une nouvelle activité. Quand est-ce que toutes mes cogitations trouveront une réponse? Et c'est en me posant ces questions qu'une idée m'explose en tête: et si je mettais noir sur blanc tout ce cheminement, moi qui ai toujours rêvé d'écrire un livre? J'y mettrai mon parcours, mes questions, mes doutes, mes étapes, mes réussites et mes échecs jusqu'à la concrétisation, un peu comme un journal de bord. En couchant sur papier mes émotions, en y mettant des mots, peut-être serai-je moins tourmentée toute la journée... Je pourrai ainsi me consacrer au présent et être dans l'instant... un peu comme si, une fois écrites, mes pensées étaient figées dans le livre que je fermerai et que je ne retrouverai que le lendemain. Peut-être cela m'aidera-t-il à passer cette période et à être apaisée?

Depuis plusieurs années, j'éprouve le besoin d'écrire. Plusieurs fois, j'ai commencé à le faire en pensant que je pourrais inventer une histoire, mais je ne suis jamais allée plus loin que quelques pages... J'ai essayé de retracer des moments de ma vie, mais les souvenirs n'étaient plus précis, et je n'arrivais pas à décider quelle pourrait en être la fin. Et puis quel intérêt pour les autres de lire mon histoire? A posteriori, j'ai regretté de ne pas avoir écrit sur la belle aventure qu'a été la création de ma petite boutique, car là il y avait un sujet, des incertitudes, un aboutissement, des anecdotes. Cela aurait pu faire un chouette livre! Mais j'en ferai peut-être un chapitre dans celui-ci. Ce qui est sûr, c'est que chaque fois, par manque de temps, je n'arrive pas à me poser et je suis convaincue que, pour écrire, il est important de pouvoir se déconnecter du quotidien, afin de se mettre dans une bulle pour laisser libre cours à l'imagination. Aujourd'hui, du temps, j'en ai, et il m'est facile de rentrer dans ma bulle, puisque je passe la plupart de mes journées, seule. Alors, pourquoi ne commencerais-je pas à écrire au jour le jour ? Et je verrai bien où cela me mène.

Bon, avant de gamberger et d'en venir à vouloir écrire un roman, j'avais en tête ce matin de faire du jardinage. Enfin, ce que j'entends par jardinage, c'est plutôt du nettoyage de jardin : enlever toutes les mauvaises herbes et ne laisser que les vraies et belles plantes, défricher notre bac où il y a de la menthe, du basilic et même de la rhubarbe, mettre en terre les quelques plantes aromatiques achetées à l'école et enfin, balayer la terrasse. Et le tout, en musique ! Et, une fois n'est pas coutume, je choisis d'écouter de la musique classique : je la trouve plus appropriée à la détente. Quelle douceur, ce soleil du matin, avec un fond musical dans mes écouteurs, histoire d'être dans une bulle, dans ma bulle ! Bizarrement, je ne gamberge plus et je me concentre sur les herbes hautes que je coupe, sur les mauvaises herbes que j'arrache, mais aussi sur les herbes aromatiques que je respire, sur tous les petits insectes que je découvre au fur et à mesure. Je tombe même sur de toutes petites fraises dont je n'avais même pas connaissance. Il y en a trois qui sont mûres, alors je les goûte et, comme elles sont du jardin, elles ont une tout autre saveur. Je trouve toujours très émouvant d'observer toute cette vie que je ne soupçonnais pas et de relativiser ainsi notre présence sur terre.

Il m'arrive souvent de penser que la vie a quelque chose de très futile et de vain : toujours courir pour gagner du temps, plus d'argent, être rarement disposé à profiter de ce temps et de cet argent gagné. Espérer laisser quelque chose à nos enfants et quelques traces de notre passage sur terre, mais ne jamais être satisfait du chemin parcouru, le tout pour finir dans une boîte sous terre, que toutes ces petites bêtes que je suis en train d'observer vont réduire en poussière. Quand j'analyse les choses de cette façon, la finalité de la vie me semble absurde. Je me demande finalement à quoi cela sert de courir pour espérer être plus tard une femme plus riche, une mère plus disponible, une épouse plus sereine. Mais plus tard n'arrive jamais, car ce n'est jamais assez et, comme ce cercle est vicieux, je cours encore plus vite. Pourquoi ne pas me contenter d'être tout simplement, de me sentir vivante chaque jour, de rire, de sentir, mais aussi de pleurer, de me mettre en colère ? Être, c'est accepter de donner vie à mes émotions sur l'instant, de mettre des mots sur mes pensées. Il n'y a rien de pire que de tout garder pour soi. Je ne sais pas ce qui fait qu'en grandissant, l'enfant que nous avons tous été enferme dans des cases sa joie, sa tristesse, sa colère…

Cela me rappelle une histoire : celle d'une maîtresse qui interroge ses élèves sur les plus belles merveilles du monde. Les enfants se prêtent au jeu et nomment la Cité des sorciers au Mexique, le Colisée à Rome, la statue du Christ Rédempteur à Rio, le Taj Mahal… La maîtresse s'adresse alors à une petite fille qui est restée silencieuse. Cette dernière énonce sa liste : voir, sentir, entendre, goûter, toucher ! Cela nous est tellement évident et nous semble acquis, au point que nous oublions facilement le bonheur que toutes ces sensations nous apportent. C'est pourquoi j'aime ces moments en pleine nature : tous mes sens sont en éveil ! Alors, je me dis que cette pause est aussi une occasion pour moi d'arrêter de courir, de vivre mes émotions, de témoigner mon affection aux autres, plutôt que de croire qu'ils savent que je les aime et d'être plus à l'écoute de mes sens.

Quand mon mari lira ces lignes, il me dira :

— C'est bien, tu connais la théorie. Maintenant, passe à la pratique !

Il est vrai que j'ai beaucoup de mal à être dans le moment présent. J'y arrive de plus en plus et m'oblige régulièrement à ne pas me laisser polluer par mon passé et mes questions sur le futur. C'est mieux, mais largement perfectible ! Mais mon plus gros progrès, c'est que maintenant, j'en ai conscience, et pour espérer un changement, c'est déjà beaucoup. Quoi qu'il en soit, après deux heures et une poubelle bien remplie, ma tête s'est complètement vidée. Malheureusement, il est temps pour moi d'atterrir et de me reconnecter à la réalité, à ma réalité… enfin plutôt à Internet. Aujourd'hui, je me crée un compte sur le site de l'association pour l'emploi des cadres, appelée APEC, et je demande à avoir un rendez-vous téléphonique pour me conseiller sur les formations. Celui-ci aura lieu dans deux jours, mercredi. D'ici là, je vais continuer à me renseigner sur les formations.

Comme décidé le matin même, je vais récupérer l'ordinateur portable dans la chambre de ma fille aînée, pour me mettre à l'écriture. C'est l'occasion de constater qu'une opération « grand ménage » est urgente à l'étage des filles : il y a du linge qui traîne partout et il est même difficile de distinguer le propre du sale. Les livres s'empilent sur le sol, et une belle couche de poussière s'est posée sur les meubles. Dans l'immédiat, je décide de nettoyer les draps et de planifier l'opération « grand ménage » pour demain après-midi, comme mes filles n'ont pas cours. Pour finir la journée, je m'installe à la table de la terrasse avec l'ordinateur portable : le soleil est doux à cette heure-ci et il invite à se poser. J'ouvre un document au format Word que je nomme « Livre 2 ». Eh oui ! parce qu'il y a déjà un « Livre 1 » que je n'ai pas fini… Je décide de commencer par le début, ce fameux jour où mon employeur a mis fin à ma période d'essai… le mardi 6 juin.

Mon éponge à émotions

Ce matin encore, le soleil est là, comme si le ciel avait décidé d'embellir mes journées, car il doit se douter combien il est important pour moi. Dès que je vois ses rayons passer au travers des volets de ma chambre, je me lève avec plus d'envie et avec le sourire. Avec le soleil, tout paraît plus facile, possible. Il me donne le désir d'agir, de me bouger. Mais pour l'instant, me bouger signifie me lever, car mon mari est parti de bonne heure pour un déplacement de trois jours, et il me faut m'occuper des enfants, puis faire les courses, car le frigo est de nouveau vide. Cela revient souvent, ces courses… et réussir à proposer des repas variés et équilibrés chaque semaine est un vrai casse-tête. Faut avouer que je n'ai jamais été douée pour cela et je ne suis pas convaincue que, même avec du temps aujourd'hui, j'y parviendrai. J'ai des amies qui concoctent leurs menus à l'avance et qui font les courses en fonction de ceux-ci ; d'autres cuisinent le dimanche soir des plats pour toute la semaine. Je suis à la fois admirative et, en même temps, je ne suis pas fan : même si l'éternelle question « Maman, qu'est-ce qu'on mange ce soir ? » revient souvent et peut m'exaspérer, je trouve aussi sympa de tenir compte de ce que les enfants ont mangé à la cantine (ça, c'est pour le côté équilibré), de notre appétit et de notre humeur. Alors, c'est parti pour un tour à l'hypermarché !

Le côté sympa, c'est que ma cadette a envie de m'accompagner aujourd'hui. Je ne sais pas pourquoi, mais elle adore faire les courses : est-ce juste pour s'occuper ? Parce qu'elle aime cuisiner ? Pour passer un moment avec moi ? Peu importe ! J'aime ces petits moments avec un seul de mes enfants. Avec trois enfants, ce n'est pas évident d'avoir une attention pour chacun à tout instant et cela finit souvent par faire des histoires, avec des cris, voire des pleurs. Alors quand l'occasion m'est donnée, même si l'activité n'est pas toujours propice aux échanges et encore moins aux confidences, j'apprécie ces courts moments volés, car il y a des petits mots, des regards qui s'échangent et qui font grandir l'amour et la complicité. Ce jour-là, ma fille voulait acheter une coque de téléphone portable pour la fête des Pères. Je trouvais l'attention super mignonne, tellement elle est révélatrice de la nature de ma fille. Pour moi, elle est sincérité : sincère dans ses sentiments, elle peut être tout ou rien, super contente ou super en colère, mais ce qui est sûr, c'est que, chaque fois, elle est entière. En fait, c'est une boule de sentiments : tout est exacerbé chez elle. Elle est générosité et veut faire plaisir, mais elle n'a pas encore la notion de l'argent ; alors, il faut la mettre en garde. Mais tout ce qu'elle fait, elle le fait avec le cœur. Pour la fête des Mères, elle a tenu à ce que nous allions acheter un collier toutes les deux, et elle savait très bien dans quelle boutique le trouver, car elle connaît mes goûts. Et elle a eu raison : dans ce fameux magasin, j'ai trouvé un magnifique collier qui me va à ravir.

En rentrant des courses, elle m'aide à tout ranger, avant de prendre le chemin du collège. L'opération rangement me donne envie de vider les placards de la cuisine et de les nettoyer. J'en profite pour réorganiser le rangement de chacun. En début d'après-midi, mes filles rentrent des cours et nous nous attelons à nettoyer leur chambre. Elles ne sont pas très motivées : entre l'aînée qui préfère le faire toute seule et la cadette qui n'a qu'une hâte, celle d'aller faire des achats avec ses copines, ce moment que je voulais complice se déroule sous le signe des plaintes, des soupirs… à tel point, que je finis le travail toute seule. Mais j'ai eu le plaisir de voir le joli sourire de la plus jeune et ses yeux pétillants à son retour, et de recevoir un doux merci quand elle a constaté sa chambre toute propre et rangée.

Ne surtout pas perdre de vue ma cible !

Aujourd'hui, c'est journée « enfants ». J'ai juste mon rendez-vous téléphonique avec un consultant de l'APEC en début d'après-midi ; sinon, je me consacre aux enfants, et rien qu'à eux. Mais si mercredi dernier, ils semblaient être contents que je sois à la maison pour une fois, aujourd'hui, ils sont tous à leurs occupations et n'ont pas spécialement besoin de moi. Un peu comme si, dorénavant, il était normal que je sois là. Ma cadette et mon fils ont passé l'après-midi à faire des expériences avec un jeu que nous avions retrouvé au fond d'un placard lors de notre opération « rangement ». Malgré tout, la journée est passée à toute vitesse et à part l'achat de deux hand spinners, qui m'a valu tous les mercis du monde, les « Maman, tu es la meilleure », je n'ai pas grand-chose à raconter.

Pourtant, même dans ces journées qui paraissent sans éclat, il y a toujours un instant qui a brillé et, aujourd'hui, ma petite étoile, c'est mon garçon : il a déjà eu du mal à s'endormir, puis il a fait des cauchemars. Alors, je lui ai proposé, à 3 heures du matin, de venir dormir avec moi. Je me demande dans quelle mesure ce n'est pas lié au fait que son papa ne soit pas là : nos déplacements professionnels sont assez rares et, de ce fait, je peux comprendre que cela puisse perturber quelque peu les enfants. Enfin, surtout mon loulou, car les filles sont assez grandes maintenant. Aussi, je l'installe à côté de moi. Spontanément, il se recroqueville, se met en position de fœtus et se blottit contre moi. Nous avons un lit de 1,80 m. C'est un achat motivé par mes nuits sans sommeil, où mes agitations nocturnes ont bien souvent perturbé le repos de mon mari… Alors, nous avons vu grand pour ne pas être réveillés quand l'autre se lève. Ça fonctionne pas mal ! Cela ne m'empêche pas de cogiter et de me réveiller, mais, au moins, je laisse mon mari ronfler tranquillement. Dans ce grand lit, mon garçon et moi sommes allongés sur un mètre à peine. Je suis bien et, à la vitesse à laquelle il s'est rendormi, je sais que mon loulou l'est aussi.

Je suis toujours émue par ces situations qui me rappellent le temps où mes enfants étaient petits. Quand je vois mon fils aujourd'hui avec des attitudes de petit mec, cela me fait drôle... Alors, je me rattache à ces petits moments qui me rassurent et qui leur rappellent, à eux, qu'ils ne sont pas encore si grands que cela et qu'ils ont encore besoin de leur papa et de leur maman.

Pour ce qui est de mon rendez-vous téléphonique, j'en ressors partagée : au début, j'ai eu le sentiment de parler à quelqu'un qui me prenait de haut. Le consultant n'avait pas un discours très rassurant quant au projet que j'exprimais, à savoir travailler dans le domaine de l'accompagnement professionnel. Pourtant, je croyais naïvement que, comme je m'adressais à un futur homologue, ce dernier allait naturellement me comprendre. Mais je dois avouer aussi que mon propre discours était encore un peu brouillon. Même une personne dont c'était le métier pouvait avoir du mal à comprendre ma motivation à suivre cette trajectoire. J'ai réalisé que je devais travailler mon texte de présentation, le fameux pitch dont tous les recruteurs parlent. En trois minutes, je devais réussir à « essentialiser » mon parcours professionnel et à motiver mon choix de reconversion, afin de convaincre mon interlocuteur. Toutefois, après un début d'échange un peu compliqué, l'entretien a ensuite été plus constructif. J'en suis ressortie satisfaite, avec des conseils avisés pour définir mes priorités, et confortée dans mon choix : pour commencer, je devais cibler le type de métiers visés, consulter les annonces afin d'identifier les profils recherchés, et analyser le delta avec mon profil pour voir quelles formations étaient susceptibles de le compléter. Alors, comme mes enfants étaient sortis montrer leurs potions magiques à leurs petits copains de la résidence, j'en ai profité pour surfer un peu sur Internet, consulter les alertes du jour et répondre à quelques offres.

Quelle joie de voir ma messagerie inondée d'alertes des différentes plateformes ! Autant d'opportunités à saisir ! Mais quelle angoisse aussi de me dire qu'il me fallait éplucher toutes ces annonces et y répondre au plus vite ! Et là, c'est à chacun de trouver sa méthode. La première consiste à ne pas se créer d'alertes. L'avantage est de se conditionner et de se rendre disponible pour découvrir les annonces. L'inconvénient est qu'il faut s'astreindre à une organisation quasi militaire et se connecter régulièrement sur les différentes plateformes, pour consulter les nouvelles annonces et ne pas prendre le risque de louper « L'Annonce » qui changerait notre vie. La deuxième méthode est de se créer des alertes qui arrivent en push dans la boîte mail. L'avantage est qu'aucune annonce n'est censée passer à travers les mailles du filtre. L'inconvénient est qu'il faut être toujours scotché à son téléphone et lire les annonces au fil de leur arrivée : déconnexion impossible ! Pas de temps perdu, même dans les toilettes, une consultation rapide des nouveaux mails et des annonces d'emplois. Enfin bref, toujours connectée, toujours à fond. Mais est-ce pour autant efficace ? Moi, j'opte pour un mix des deux, à savoir la création d'alertes, mais avec une connexion unique à un moment défini de la journée, avec une plage de travail de deux à trois heures d'affilée.

Quoi qu'il en soit, à la lecture des alertes, il m'est difficile de rester centrée sur mon objectif premier, à savoir suivre une formation. Car il semblerait qu'il y ait régulièrement des opportunités sur des fonctions proches de mes aspirations. Elles me permettraient d'être déjà sous contrat à durée indéterminée, tout en faisant ce que j'aime, quitte à me former en interne. Ainsi, le cœur de mission d'un responsable recrutement et intégration, d'un responsable recrutement et formation ou d'un responsable développement des ressources humaines me séduit beaucoup et, du point de vue du recruteur, ce serait plus cohérent avec mon parcours. D'ailleurs, je réponds quasiment toujours aux différents critères du profil demandé. Donc, je me dis que c'est aujourd'hui que je dois faire le bon choix, quitte à faire des concessions.

Force est de constater qu'une fois éclusées les annonces en lien avec les métiers précédemment évoqués, il reste peu d'offres pour des postes de consultants en transition professionnelle, de consultants en mobilité de carrières. Parmi les quelques alertes restantes, la majorité demande non seulement de l'expérience, mais aussi de pouvoir se justifier d'un certain nombre d'accompagnements en bilan de compétences. Pour avoir été en position de recruteuse il n'y a pas si longtemps, je ne suis pas surprise, mais il m'est plus difficile de l'accepter en phase de reconversion, avec, de ce fait, aucune expérience. J'accuse le coup. Certains cabinets ajoutent même qu'une connaissance de la démarche ADVP — activation de développement vocationnel et personnel — serait un plus. Cette démarche m'interpelle à plus d'un titre, car elle est bien plus globale : sa finalité est d'aboutir à un projet de vie. Ainsi, me former à cette méthode pourrait m'aider à titre personnel, pour affiner mon projet de vie, mais aussi à titre professionnel, pour accompagner des personnes dans le cadre d'une recherche d'emploi ou dans des contextes plus larges.

Finalement, plus je me renseigne sur cette méthode, plus tout ce que je découvre me donne le coup de boost dont j'avais besoin. Alors, je prends le parti de trouver cette fameuse formation et de cibler les cabinets dont la philosophie et les valeurs me correspondent, avec l'idée de les approcher en candidature spontanée une fois mon curriculum vitae étoffé de quelques compétences supplémentaires. Et si, par hasard, un cabinet communiquait une offre avec un profil de type « junior » ou « débutant », je tenterais ma chance, même si cela n'est pas facile de se positionner comme tel à 42 ans. Mais j'ai assez d'humilité pour l'accepter, faire mes preuves et ensuite grandir dans cette voie. Qui sait ? Un jour, ma personnalité et mes convictions suffiront à faire la différence. Faut juste qu'en face, le recruteur soit sensible à ma démarche et à mon enthousiasme pour me laisser ma chance. Cela peut aussi matcher comme cela. À suivre…

Tout va bien, madame !

Ce matin, rendez-vous dans un centre de radiologie pour faire une mammographie. Contrôle habituel, mais chaque fois, source d'inquiétude, car même si je n'ai pas de raison de m'en faire, ce n'est pas un rendez-vous anodin. Il est à peine 9 heures, je me retrouve en petite culotte devant ce gros appareil qui va me broyer la poitrine de face, de côté, le sein gauche, puis le droit. Ensuite, la dame me demande d'attendre dans la cabine le temps que la radiologue regarde les clichés pour voir si une échographie est nécessaire. C'est ainsi que je patiente, toujours en petite culotte, entre deux portes, et je commence à cogiter : bon, puisque je suis là, autant faire l'échographie. Deux contrôles valent mieux qu'un. En même temps, s'ils décidaient de faire une échographie, c'est qu'il y aurait un souci et qu'ils auraient détecté quelque chose... Il ne manquerait plus qu'ils m'annoncent que j'ai un cancer du sein, juste après avoir perdu mon travail. En pensant à cela, je me dis que finalement, ce n'est rien si je n'ai plus de travail tant que je n'ai pas de cancer. Ce serait vraiment un comble d'avoir un cancer du sein alors que mes seins sont tout petits. Ce serait la poisse que cette maladie ait trouvé un coin pour faire son œuvre dans un si petit espace. C'est comme les jeux de hasard, un peu comme à la loterie, cela tombe sans prévenir, mais, contrairement à la loterie, chacun prie pour ne pas être tiré au sort.

Promis ! Si finalement, il n'y a rien, je jure de profiter de chaque jour et de relativiser ce qu'est « être au chômage », quand je réalise que je pourrais être au chômage et malade. Les minutes passent et j'ai le sentiment que le temps ne joue pas en ma faveur. Pourquoi est-ce si long ? Sont-ils en train de comparer leurs avis ? Ce n'est qu'au bout de vingt minutes que je suis appelée pour faire une échographie.

— Mais rassurez-vous, madame, tout va bien, c'est juste un examen complémentaire.

Et, cinq minutes plus tard, je suis libérée avec la confirmation que mes tout petits seins vont bien. Ouf!

Ce midi, je vais déjeuner avec deux collègues de travail d'une de mes anciennes boîtes. J'ai toujours gardé de bonnes relations avec les personnes que j'ai rencontrées dans toutes les entreprises où j'ai bossé, et j'ai un vrai plaisir à les retrouver. Je suis arrivée à l'avance, histoire de faire un tour dans les différents services et d'échanger avec un maximum de personnes. Quel bonheur de les revoir et de sentir que ma visite les ravit autant que moi! Et quelle envie de partager! Tous ont besoin de parler, de raconter, de s'épancher... et j'adore ça! C'est cette partie de mon métier que je préfère: être à l'écoute des autres, conseiller et accompagner les gens dans leur questionnement, leur réflexion quant à leur projet professionnel. Je les quitte, heureuse, car quelque part, ils m'ont confortée dans mon projet professionnel. Il est 17 heures.

Mon mari est à la maison. Il est rentré de son déplacement. Il n'est parti que trois jours, mais il revient terriblement amoureux. Je ne sais pas si ce sont les trois jours d'absence, si c'est l'examen de la mammographie qui l'inquiétait, si c'est le fait qu'il ait revu une amie en pleine séparation et qu'il ait été chamboulé de voir le mal que pouvait se faire un couple, mais il a hâte que nous nous retrouvions sous la couette.

Retour vers le futur

Cette journée, je décide qu'elle va être constructive et concrète d'un point de vue professionnel. En effet, j'ai besoin que les choses avancent : alors, j'envoie quelques candidatures, mais je filtre tellement que je ne trouve pas beaucoup d'annonces auxquelles répondre. La sélection que me proposent les alertes que j'ai créées sur les différents sites d'emplois est par moment très surprenante, mais elle a le mérite de m'ouvrir d'autres pistes de réflexion, comme ce poste d'enseignant en ressources humaines dans une grande école ou cette annonce de responsable de site pour personnes handicapées. Sur l'instant, je me demande comment cette annonce peut se trouver dans ma sélection, mais à lire le profil demandé, effectivement, mon parcours et ma personnalité pourraient correspondre ; d'un coup, je me sens rassurée, tellement le champ des possibles semble finalement beaucoup plus grand que je ne l'imaginais ! Ce n'est pas pour autant que je postule, mais cela me rassure de voir qu'il existe des pistes que je n'avais pas encore envisagées pour un repositionnement professionnel. Je les note et les classe par intérêt et par adéquation à mon profil. Si jamais la recherche pour mon métier cible dans l'accompagnement n'aboutissait pas pour une raison X ou Y, j'exploiterai plus sérieusement ces nouvelles pistes.

Stimulée par ce regain d'énergie et de positive attitude, je décide de faire un rapide tour de la maison pour lister tous les objets dont nous n'avons plus besoin et tenter de les vendre. Direction le garage ! Et la liste s'allonge très vite : un vélo elliptique (acheté sur un coup de tête avant d'avoir envie d'un troisième enfant… Résultat, il n'a quasiment pas servi), une machine à tortures censée faire travailler les abdos (achetée par mon mari avec de belles intentions, mais je ne sais même pas si je l'ai déjà vu s'en servir...), des pots de confiture vides que je garde pour donner à ma maman ou à mon beau-père afin qu'ils nous les rendent pleins (mais ils viennent de me dire qu'ils en ont déjà assez pour faire les confitures cet été), des pots de fleurs, des cadres, un support publicitaire datant du temps de ma boutique... Il y a largement de quoi rédiger une série de petites annonces. Avec un peu de chance, je réussirai non seulement à faire de la place, mais aussi à récupérer un peu d'argent. Même si j'ai bien conscience qu'il ne va pas falloir les céder à prix élevé au risque de ne rien vendre du tout.

En fin de journée, je m'accorde un temps avec les enfants qui sont rentrés de l'école: mon garçon avait la possibilité d'inviter un copain à son dernier cours de tennis, et il était tout fou quand je lui ai proposé d'envoyer un message à la maman de son meilleur copain. D'un coup, je devenais une maman super cool: soit il ne lui faut pas grand-chose, soit je suis, à ses yeux, habituellement tellement rigide qu'il n'a jamais pensé que je pouvais décider, spontanément, d'inviter un de ses amis, juste pour faire plaisir, sans occasion particulière. Alors, c'est avec une joie non dissimulée que je suis allée les regarder jouer, se renvoyer la balle, éclater de rire et de complicité. Mon fils grandissait sous mes yeux. Il a beaucoup progressé dans son lancer de balles, il fait des services et même des revers à une main. Je ne suis pas experte, mais aux dires d'un papa qui l'observait comme moi, il était rare qu'à son âge, les gestes soient aussi précis. Nous verrons bien ce que l'avenir nous dira, pour l'instant, il n'a que 8 ans et collectionne les poignets de couleur qui définissent son niveau. Il en est à l'orange et, l'année prochaine, il devrait avoir le vert... un peu comme le feu vert qui l'autorisera à jouer sur un terrain grandeur nature et à participer à des compétitions. Finalement, c'est un peu comme dans la vie: les parents accompagnent, éduquent, donnent un maximum d'outils à leurs enfants pour les préparer à la vraie vie, un immense terrain de jeu où ils rencontreront des partenaires, mais aussi des adversaires. Je prie pour que mes enfants soient assez forts pour se réaliser chacun dans leur vie d'adultes et pour qu'ils soient heureux longtemps, très longtemps.

Après mon fils, c'est à ma cadette d'être la vedette : c'est la Journée portes ouvertes au collège, et la chorale, dont ma fille fait partie, a préparé une petite représentation sur le thème de Paris. Elle est belle, ma fille, habillée tout en blanc. Initialement, la chorale, c'était mon idée, mais elle ne voulait pas. Elle trouvait cela nul, non pas parce que la suggestion venait de moi (du moins, c'est ce qu'elle m'a dit !), mais parce que chanter des chansons qui datent d'une autre époque (elle ne pouvait d'ailleurs pas dire laquelle, mais ce n'est pas de son époque à elle, ça, c'est sûr !), c'est nul. Finalement, c'est une copine qui l'a décidée, et à voir le cœur qu'elle met à chanter « Sous les ponts de Paris », mon idée n'était pas si nulle. Voilà l'année de sixième qui s'achève... Une fois de plus, elle a filé à toute vitesse. Nos filles ont bien travaillé, et nous sommes fiers d'elles. Une fois la représentation terminée, elles ont voulu vadrouiller dans le collège avec leurs copines, et leur petit frère a souhaité être de la partie. Alors, c'est toute seule que je quitte l'école et prends le chemin de la maison... comme du temps où j'étais collégienne !

Plein de souvenirs remontent à la surface : j'avais déménagé juste avant ma rentrée au collège, j'avais des lunettes, un appareil dentaire et des boutons qui commençaient à bourgeonner. Comment ne pas s'en souvenir, même si je suis tentée d'avoir une sorte d'amnésie ? En même temps, ce sont les années des premières amours (ou plutôt des premiers chagrins d'amour, car très souvent non réciproques, vous l'aurez deviné à la description que je vous ai faite de moi à cette époque...), celles des premiers voyages à l'étranger, seule, les années sans examen, à part en troisième, les années d'insouciance avant le crucial choix de l'orientation. D'un coup, j'ai l'impression que c'était hier. Mes années collège ne sont pas si lointaines, mais en revanche, je vois bien mes enfants grandir et ils grandissent trop vite ! Alors, forcément, il y a un truc qui cloche dans mon raisonnement. Ah oui, c'est ça : j'ai quitté le collège il y a vingt-huit ans ! C'est plus cohérent… mais je prends un sacré coup sur la tête. Si seulement j'avais un bouton « pause » sur lequel appuyer... À bien y réfléchir, je ne voudrais pas appuyer sur « rewind » et encore moins sur « forward » pour faire défiler la cassette de ma vie.

C'est l'heure du grand saut !

Au programme ce week-end : famille, famille et famille ! Un beau programme, le tout avec un soleil magnifique. Une somme de petits moments privilégiés avec les uns et les autres, comme j'aime.

Samedi matin, 10 heures, en route pour la piscine : mon fils est ravi, car il attendait ce moment depuis longtemps. Son souhait n'était pas de se rendre à la piscine, car il y va tous les mercredis pour suivre des cours, mais bien que nous y allions tous ensemble. Je ne suis déjà pas fan d'aller dans l'eau, mais en hiver, je le suis encore moins, alors je lui répondais que nous irions quand il ferait beau et chaud… Eh bien ! nous sommes bientôt en été et je ne cours plus après le temps. Alors, c'est décidé, ce week-end, c'est piscine ! Mes enfants sont ravis.

En ce qui me concerne, je m'ennuie très rapidement dans l'eau. Faut dire que je ne suis pas une grande nageuse, mais je me fixe comme objectif de faire au moins huit longueurs : c'est mon repère, car j'ai le souvenir d'avoir eu un diplôme quand j'étais gamine où il était écrit que j'avais nagé deux cents mètres. Alors, à plus de 40 ans, je me dois de toujours faire au moins mes quatre allers-retours : cela me motive, et je me dis que c'est toujours quelques calories dépensées. Mais au-delà des deux cents mètres, j'en ai vite assez. Pour compléter le tableau de super nageuse, il me faut une eau à bonne température, je n'aime pas mettre la tête sous l'eau et j'ai horreur de me faire arroser. Je suis convaincue, sans faire ma psychologue de bas étage, que cette peur est liée au fait que mon père me passait la tête sous l'eau quand j'étais toute petite, car je n'arrêtais pas de pleurer. Mes parents habitaient dans un studio et mon père n'avait trouvé que cela pour me calmer. Pour finir, je ne vous parle pas de mes complexes pour me mettre en maillot de bain ! Et cerise sur le gâteau, le règlement de notre piscine oblige dorénavant les nageurs à porter un bonnet de bain. Alors, vous imaginez quelle motivation j'avais en ce samedi matin pour aller à la piscine. La seule qui m'animait était d'assister au plaisir de mes enfants, et pour ça, j'étais prête à tout accepter. Alors, une fois en maillot de bain, je bataille avec ce foutu bonnet, afin de réussir à mettre tous mes cheveux dedans. Je crois même que c'est la première fois que je suis ainsi équipée. Pour le coup, il n'y a pas de crainte d'être ridicule, car nous le sommes tous, avec nos bonnets. Il y a ceux qui, comme nous, l'ont mis dès la sortie du vestiaire : si le ridicule ne tue pas, je n'ai pas eu à me donner en spectacle en m'y reprenant à plusieurs fois pour faire rentrer ma chevelure épaisse dans ce bonnet que j'ai eu peur de déchirer à force de tirer dessus. Et puis il y a ceux qui le gardent dans la main, histoire d'avoir du style le plus longtemps possible et qui, à la dernière minute avant de pénétrer dans l'eau, l'enfilent à toute vitesse (ils ont dû s'entraîner, ce n'est pas possible autrement !) pour ne pas prendre le risque de se faire rappeler à l'ordre par le maître-nageur et se faire remarquer par les autres en bonnet, qui ont docilement respecté la règle.

Nous avons de la chance, il n'y a pas encore grand monde et mes enfants ont tout loisir de sauter, de nager, de jouer sous l'eau, de s'éclabousser… et de m'éclabousser, même s'ils savent que je déteste cela ! À regarder les autres mamans autour de moi, je suis rassurée, car il n'y a pas que moi qui semble ne pas apprécier les éclaboussures. Je reste sur le bord à les regarder jouer ensemble : ils jouent vraiment ensemble malgré leur différence d'âge et ne se chamaillent pas. Cela fait plaisir : tous les trois sont à l'aise dans l'eau et pourraient y rester des heures. Sauf que moi, j'ai déjà froid. Je vais faire mes fameuses longueurs, histoire de me réchauffer. Si l'eau du grand bassin m'a semblé froide quand j'ai posé mon pied sur la première marche de l'échelle, au bout de deux longueurs, je la trouve bonne et fais des pauses régulièrement : je dois l'avouer, je suis loin de pouvoir nager deux cents mètres sans m'arrêter ! D'ailleurs, pas question de faire une longueur de plus, alors je rejoins ma famille dans une eau qui semble étonnamment plus chaude. Toutefois, au bout de dix minutes, cette impression s'est évaporée.

Un peu avant 13 heures, mes enfants s'accordent pour sortir de l'eau, se sécher et rentrer : ce n'est pas tant qu'ils en ont assez, mais c'est plutôt qu'ils ont très faim ! Alors, direction le vestiaire. Mais, cette fois, c'est avec mon jean que je lutte. À croire que j'ai pris dix kilos dans l'eau. De retour à la maison, mes enfants affamés ont droit au fameux steak haché-pâtes : rapide et efficace. Le reste du week-end s'écoule plus tranquillement : spectacle de danse de fin d'année pour ma fille, remise du poignet orange pour l'année de tennis de mon fils, un barbecue et un repas d'anniversaire. La vie, tout simplement... Il fait beau. C'est bientôt l'été... bientôt les vacances : je suis bien ! Pour compléter ce tableau, j'ai finalisé ma première vente. J'ai réussi à me débarrasser de ma trentaine de pots de confiture pour quelques euros. Si ce n'est pas le début de la richesse, c'est au moins celui du vide dans le garage !

Chouette, c'est lundi !

Ce matin, j'ai reçu un mail intitulé « Souriez, c'est lundi ! », avec comme pitch : « Le problème, ce n'est pas le lundi, c'est le job ! » Pour le coup, j'ai trouvé le discours bien vu et accrocheur. Effectivement, à bien y réfléchir, pourquoi sommes-nous nombreux à ne pas aimer le dimanche soir ? Certes, cela date du temps où nous étions écoliers quand, après un chouette week-end de détente, de sorties en famille ou de jeux avec les copains, il fallait non seulement se coucher tôt, mais se préparer à une nouvelle semaine. Un soir maudit, un soir pourri… où même à table, nous finissions les restes de la semaine. Une fois adultes, c'est un peu le même scénario. Mais, entrés dans la vie active, cette hantise du dimanche soir ne devrait plus avoir de raison d'être si nous sommes heureux dans notre job. Au contraire, nous devrions être curieux de savoir ce que la nouvelle semaine va nous apporter : quelles nouvelles rencontres professionnelles allons-nous faire ? Quels challenges allons-nous affronter ? Alors, pourquoi ne pas avoir hâte de recommencer une nouvelle semaine ?

C'est donc à considérer comme un signe quand le dimanche soir devient un moment de mal-être, d'appréhension, et quand le lundi matin, on a comme une boule dans le ventre au moment du petit déjeuner. Il y a un an, chaque dimanche soir, j'analysais ma semaine et j'essayais de trouver un événement sympa qui aurait pu m'aider à passer le cap du dimanche soir : la perspective de la Zumba du mardi me donnait le courage de tenir jusqu'au mercredi où je ne travaillais pas et si, par bonheur, nous recevions ou allions chez des amis le week-end, j'avais de nouveau un motif pour tenir jusqu'au vendredi soir. À y repenser, c'est triste comme état d'esprit : toujours se projeter pour mieux faire passer le présent. Et quand je parle du présent, c'est juste le boulot avec tout ce que cela implique, c'est-à-dire le patron, les missions, les relations avec certains collègues. Mais quand tout cela ne va pas, ça l'emporte sur le reste et il y a des répercussions sur l'ambiance à la maison. Il y a un an, quand j'ai réalisé que toutes les semaines, c'était la même chose, j'ai décidé de me prendre en main et de faire un bilan de compétences. Les échanges avec la consultante m'ont fait un bien fou et m'ont rassuré sur mes aptitudes et mes compétences. Cela peut sembler fou, mais quand le doute s'installe, même les évidences n'en sont plus, et seul un regard extérieur peut nous aider à avoir une meilleure estime de soi. Ce bilan, c'était comme si je m'accordais le droit de prendre du recul sur moi, sur tous ces événements qui nous pourrissent le quotidien, et d'oser y mettre un nom : la lassitude. À la fin de ce bilan, j'y voyais clair : je devais me prendre en main, changer d'environnement, car il était évident que j'allais mourir à petit feu si je restais à ce poste. Est-ce vraiment beaucoup demander d'avoir hâte que le lundi arrive ?

Et si j'expérimentais la loi d'attraction ?

Ce soutien m'a donné, il y a neuf mois, le courage de provoquer un échange avec mon patron, afin d'entrevoir une porte de sortie digne et lui demander une rupture conventionnelle. J'ai osé et cela m'a réussi : quelques mois après, mon employeur me libérait de mes fonctions et, quelques semaines plus tard je signais un nouveau contrat et entamais la fameuse période d'essai. Si celle-ci ne s'est pas conclue de manière positive, ce n'est pas pour autant que la leçon que je tire de toute cette période n'est pas constructive. Ainsi, après avoir attendu si longtemps pour oser, tout s'est passé très vite. Un an auparavant, l'énergéticienne que j'avais rencontrée m'avait parlé de la loi d'attraction que je ne connaissais pas du tout. À ce moment-là, j'ai eu du mal à en comprendre la teneur et encore plus à y croire réellement. Le concept de la loi d'attraction est basé sur le fait que nous pouvons créer notre propre réalité en attirant ce que nous voulons. Pour que nos vœux deviennent réels, il est important d'être convaincus de ce que nous voulons, de croire que cela peut être possible et d'agir au bon moment quand les occasions se présentent à nous. Mais finalement, un an plus tard, je crois pouvoir dire avoir pratiqué la loi d'attraction et que cela m'a réussi. En effet, ma démarche initiale était motivée par mon souhait de me sentir mieux, de ne plus attendre de l'extérieur des choses qui pourraient faire que j'y parvienne, ce que je faisais sans me l'avouer formellement jusqu'à présent : un changement de patron, le départ d'un collègue, être démarchée par une entreprise (comme je l'avais été par mes deux employeurs précédents). Je suis passée du stade « je ne veux plus rester », mais je restais à subir, à celui de « je veux partir », et je devais enclencher quelque chose. Je refusais que ma situation professionnelle soit la même à la fin de l'année : cette échéance était symbolique, mais psychologiquement, il était important pour moi que j'entame la nouvelle année avec un nouveau projet de vie, tout en ayant tourné la page de cette vie professionnelle.

Dès lors, alors que nous étions à la fin de l'été, j'ai mis en œuvre des actions pour partir. Je n'aurais pas pu espérer un meilleur déroulement : une bonne négociation de départ, un nouveau boulot quelques semaines après, qui plus est, très bien rémunéré, avec, entre les deux, une quinzaine de jours pour faire une pause bien méritée. Une nouvelle vie professionnelle démarrait pour moi fin janvier ! L'énergéticienne m'avait dit que tant que je ne serais pas alignée sur mon chemin de vie, je ne pourrais pas attirer ce que je désire : par principe, un bon alignement personnel induit peu de résistance à ses projets. Cette théorie prenait tout son sens avec cette expérience, et si je reprends mon parcours, je réalise avoir pratiqué la loi d'attraction une première fois sans le savoir.

En effet, il y a un peu plus de cinq ans, j'étais frustrée par le fait que mon travail n'aboutisse pas sur plus de résultats directs, tellement il y avait d'intermédiaires entre ma décision et sa concrétisation sur le terrain. Alors, si je l'analyse selon la loi d'attraction, je suis passée de « je ne veux plus me sentir inutile » à « je veux voir les résultats de mon travail et pouvoir décider ». C'est cette réflexion qui m'a conduite à racheter un petit commerce en grande difficulté et à devenir ainsi mon propre patron. Et comme les choses n'arrivent jamais par hasard quand nous sommes sur la bonne voie, sur cette même période, j'ai été soutenue par de nombreuses personnes. Chacune d'entre elles, avec ses compétences, a rendu ce projet encore plus rapide à réaliser : une amie qui avait le même besoin et fut mon associée, une amie experte-comptable qui a tenu ma comptabilité, un beau-frère qui m'a créé un site Internet… Enfin bref, tout indiquait que c'était maintenant qu'il fallait oser se lancer. Alors, si cela a fonctionné à deux reprises, je peux commencer à croire vraiment à la théorie de la loi d'attraction et réitérer une troisième fois, non ?

Mon quatrième bébé et la joie d'être son propre patron

Mais où en étais-je ? Ah oui, c'est lundi ! Le début d'une nouvelle semaine sans travail. Quoi de spécial cette semaine ? Un déjeuner avec une amie, la fête de la musique, la kermesse de l'école et un dîner chez des voisins, qui vient de s'organiser. J'aime la vie quand elle est ponctuée de moments de convivialité : à la perspective de ces moments de partage, la semaine s'annonce sympa, et je sais que mes doutes, mes questionnements seront forcément mis en suspens au moins le temps d'un soir, d'une heure. Même si j'ai hâte que les choses se précisent, je suis de plus en plus certaine que le temps est un facteur clé de réussite pour une reconversion professionnelle et qu'il y a un minimum incompressible. Alors, patientons, mûrissons !

À propos de reconversion professionnelle, cette semaine, j'ai creusé le statut de consultant. Bon nombre sont indépendants, et cela me refroidit un peu pour avoir eu le même statut quand j'étais gérante de ma boutique. Pendant presque quatre ans, j'ai géré ce fameux petit commerce, un dépôt-vente pour enfants, dans ma ville, en plus de mon activité professionnelle où j'étais à 80 %. Beaucoup me disaient folle et se demandaient où je pouvais trouver l'énergie et le temps de tout faire, mais c'était plus fort que moi, il fallait que je le tente. Dans mon boulot de salariée, récolter le fruit de son travail était très difficile : sur une fonction transverse, dans une grosse structure qui doit accompagner de nombreux projets en parallèle, je constatais que bien souvent, nous n'allions pas au bout des choses et, en matière de satisfaction personnelle, c'était très frustrant. Alors qu'avec ce commerce qui ne demandait qu'à se développer, chaque jour était un nouveau défi avec un seul objectif : attirer de nouveaux clients par tous les moyens (renouveler la mise en scène en vitrine, réorganiser les rayons, publier un message sur Facebook, mettre à jour le site Internet...). C'était très stimulant, car le résultat se ressentait tout de suite ou pas. Et là, il me fallait réinventer autre chose. Même si ce ne fût pas facile tous les jours, ce fut une belle aventure très excitante, enrichissante et émouvante.

Pour moi, cette boutique a été mon quatrième bébé : pendant quasiment neuf mois, j'ai réfléchi au concept, au local, à son aménagement, au nom de l'enseigne, ses couleurs, son logo, à la communication pour annoncer son arrivée. Cette partie était la plus sympa, car elle faisait appel à la créativité.

L'autre partie était beaucoup moins chouette : la création administrative de l'entreprise, l'affiliation au régime social des indépendants, le fameux RSI, les formalités de l'embauche de ma vendeuse, avec tous les frais que cela engendrait alors que je n'avais pas encore un seul client. Mais quand est arrivé le grand jour avec la pose de l'enseigne, le premier jour d'ouverture et les premiers clients, quelle fierté et quelle émotion ! Un peu comme si j'accouchais d'un projet que j'avais longtemps imaginé, attendu et qui voyait enfin le jour. Comme un enfant, ma boutique avait besoin de grandir et j'apprenais tous les jours avec elle, car je n'avais pas vraiment de recette. Comme le dit l'expression, j'apprenais en marchant et, dans chaque test, il y avait une leçon à tirer. Les journées à la boutique étaient toujours trop courtes, tellement il y avait à faire. Je ne voyais jamais le temps passer, j'en oubliais même souvent de manger. C'est fou comme travailler pour soi nous transcende et nous nourrit. Même dormir pouvait me sembler comme autant d'heures perdues. Il y a une vraie satisfaction personnelle à être son propre patron, une liberté qui n'a pas de prix, mais malheureusement, cela ne suffit pas toujours pour alimenter les comptes en banque.

L'histoire a connu des hauts et des bas : mon associée est partie à l'étranger, ma première vendeuse a démissionné, car son mari allait travailler en Angleterre. Drôle d'époque quand même, où les Français trouvent du travail à l'étranger, où créer son propre emploi est compliqué. Mais je ne regrette rien, et si c'était à refaire, je le referais. Peut-être différemment, mais je le referais. J'avais besoin de vivre cette aventure à ce moment-là, et ne pas le faire m'aurait comme coupé les ailes. Le refaire maintenant ? Pas vraiment. En tout cas, pas tout de suite, car j'ai aussi découvert un système où rien n'est fait pour faciliter la vie de ceux qui veulent entreprendre, développer une activité, faire vivre le centre-ville et créer des emplois : quand le lourd côté administratif du départ est derrière nous, ce sont les charges qui nous assomment, sans parler des nouvelles lois et des nouvelles réglementations qui font couler à elles seules de nombreuses sociétés. Il faut avoir les épaules bien larges, mais aussi un matelas financier conséquent pour tenir le cap contre vents et marées. Et là, je n'étais pas assez préparée. J'ai longtemps hésité avant de capituler. C'était dur de mettre fin à un projet auquel j'avais donné vie. J'y ai cru, je me suis investie, j'en ai rêvé de nombreuses nuits, j'en ai fait des cauchemars aussi, et j'ai espéré avoir de nouvelles idées pour développer l'activité, mais je n'avais pas forcément le temps et j'avais de moins en moins l'énergie nécessaire.

Finalement, la raison l'a emporté. Je me souviens, c'était un mercredi du mois de juin. Il faisait très beau. Ma vendeuse tenait la boutique. Dès lors, je pouvais rester à la maison et profiter de mes enfants et de mon mari. Sauf que le matin, j'avais eu la mauvaise idée de consulter les comptes bancaires du magasin, et j'étais tombée sur un prélèvement inopiné de ma banque. Certes, le montant n'était pas très important, mais j'étais furieuse de voir que, sans prévenir et donc sans explication, la banque se servait sur mon compte. Comment pouvais-je gérer mon commerce si je ne pouvais pas maîtriser les entrées et les sorties d'argent? J'ai donc passé un coup de fil à ma conseillère qui était partie déjeuner. Elle me recontacterait en début d'après-midi. Je devais donc patienter et continuer à ruminer. Je n'ai pas pu attendre qu'elle me rappelle. À 14 heures, je composais le numéro de sa ligne directe. Je lui expliquais la situation et elle me répondit que, normalement, j'avais dû recevoir un courrier. Elle allait regarder ce qu'il en était et elle me rappellerait en fin de journée. Inutile de dire que j'ai eu beaucoup de mal à gérer cette attente. Je ne pouvais pas jouer avec les enfants, ma tête était ailleurs.

J'ai donc eu l'envie de me plonger dans un livre, avec l'idée que lui ne m'en voudrait pas si mes idées vagabondaient. C'est ainsi que j'ai repris « L'Instant présent » de Guillaume Musso, allongée sur un transat au soleil. Quelque temps plus tard, je lisais : *Aujourd'hui est le plus beau jour de notre vie, car hier n'existe plus, et demain ne se lèvera peut-être jamais. Le passé nous étouffe dans les regrets et les remords, le futur nous berce d'illusions. Apprécions le soleil qui se lève, réjouissons-nous de le voir se coucher. Arrêtons de dire « il est trop tôt » ou « il est trop tard », le bonheur est là, il est l'instant présent.* Ou encore : *C'est une vieille parole de sagesse chinoise : on a deux vies et la seconde commence lorsqu'on prend conscience qu'on en a qu'une.* Cette lecture a été comme un électrochoc : j'étais chez moi avec mes enfants et mon mari, il faisait un temps magnifique, mais mon esprit était tellement pollué par toutes ces tracasseries que je ne percevais plus ce qui comptait vraiment. Aussi, quand ma conseillère m'a appelée en fin de journée pour présenter ses excuses et me dire que la somme allait m'être reversée, ma décision était prise : il fallait que cela s'arrête ! Je ne m'étais pas lancée dans cette aventure pour m'engluer l'esprit et passer à côté de l'essentiel. J'ai donc décidé de tout arrêter après trois ans d'activité. Ma fierté en a pris un coup ! J'ai dû licencier ma vendeuse et j'ai longtemps culpabilisé... jusqu'au jour où je lui ai retrouvé un nouveau travail : cela m'a enlevé un sacré poids. Si mettre fin à cette activité n'a pas été facile émotionnellement, je dirais que cela a été encore pire d'un point de vue administratif : créer son entreprise n'est pas facile, mais la clôturer est encore plus difficile.

Aujourd'hui, cela fait deux ans que j'ai baissé le rideau et, il y a peu, j'ai encore reçu un courrier de relance du RSI pour des charges que j'avais déjà payées. Je préfère en rire, mais il y a eu une période où je redoutais d'ouvrir la boîte aux lettres, de peur d'avoir encore une relance, une mise en demeure et d'être obligée de passer je ne sais combien de temps au téléphone, voire de me déplacer, pour que mon dossier soit mis à jour. Alors, devenir indépendante aujourd'hui, pour y avoir goûté, cela ne m'enchante guère, et c'est clairement en raison de la lourdeur administrative. Reste à espérer que l'État prenne des décisions très significatives pour donner envie à des entrepreneurs dans l'âme de se lancer et de créer ainsi de l'activité, des emplois, car dans la tête de ces futurs patrons, il y a une manne folle d'idées qui ne demandent qu'à voir le jour !

Ça y est, c'est le premier jour de l'été !

La fin d'année scolaire est proche : nos enfants ont bien travaillé et ils sont récompensés par de bons bulletins. Nous sommes très fiers d'eux. Espérons que cela continue… C'est bientôt les vacances, les enfants se couchent un peu plus tard. En plus, depuis hier, il fait une de ces chaleurs… Il est prévu qu'il fasse pas loin de 40 °C sur plusieurs jours, alors ils ont du mal à s'endormir. Chacun a sa méthode : l'un se met tout nu, s'installe dans la chambre d'amis qui est exposée au nord et dort la fenêtre ouverte ; l'autre dort sur le parquet dans sa chambre et la troisième installe un lit de fortune avec sa couette sur la mezzanine. Enfin bref, cela va être le camping pendant quelques jours avec des allers-retours pour aller aux toilettes ou boire un coup. Vive l'été ! D'ailleurs, aujourd'hui, c'est le premier jour de l'été… mais aussi le jour de la fête de la musique. Pour ces deux raisons, je m'offre une pause dans tout mon questionnement, et je décide que je ne suis pas qu'une femme sans emploi, mais aussi Virginie, 42 ans, mariée, maman de trois enfants, qui, en ce 21 juin, a juste besoin et envie de savourer la douceur de l'été qui s'annonce. Alors, ce soir, nous sortons !

Direction notre centre-ville : une scène installée, mais déserte. Une fanfare qui déambule de table en table, un peu de monde, mais sans plus. Enfin bref, un tableau qui n'inspire guère mes loulous et, même si un groupe est annoncé une heure plus tard, aucun d'entre eux ne veut attendre et rester dans cette ambiance. Alors, direction une autre manifestation. Là, il y a du monde. Normal, il y a six scènes. Mais lorsque nous nous présentons devant chacune d'entre elles, à chaque fois, le groupe précédent vient de finir sa partie et le groupe suivant est en cours d'installation. Quand nous avons la chance d'avoir un groupe sur scène, celui-ci joue du hard rock. À croire que la fête de la musique ne veut pas de nous ! Mais je ne suis pas de celle qui capitule dans ce genre de situation, alors, je décide de retourner au premier endroit avec l'espoir que le groupe annoncé soit en train de faire un tabac et que le public se déchaîne sur la piste de danse. Pour moi, c'est cela la fête de la musique !

Je traîne toute ma petite famille peu convaincue et prie pour que l'ambiance soit au rendez-vous. Quelle ne fut pas ma surprise de voir un attroupement excité devant un groupe de chanteurs et de musiciens au minimum cinquantenaires qui revisitait à sa manière les tubes des années soixante-dix à aujourd'hui ! Mes enfants ont réagi chacun à leur façon. L'aînée nous a rapidement abandonnés à peine arrivée, quand elle a vu quelques-unes de ses copines ; ma fille cadette s'est mise à chanter et à se dandiner, un peu comme moi, sous le regard désespéré de mon fils, qui levait les yeux au ciel : pour lui, les chanteurs étaient nuls. À 8 ans, son esprit critique s'aiguise et il ose l'affirmer. Alors, je suis partagée : cela m'amuse et, en même temps, cela me rappelle qu'il grandit et que moi, je vieillis. Mais 22 h 30 sonne, et il est temps de rentrer : un dernier verre en famille sur la terrasse pour prolonger cette belle et première soirée d'été et pour laisser l'air rafraîchir les chambres.

Même si cette période de fin d'année scolaire est bien chargée, j'aime l'idée qu'une année s'achève et qu'une autre se prépare : les deux événements ont beau être en continu, à cette période, il y a toujours cette impression que la nouvelle année pourrait être différente et même synonyme d'un nouveau départ. Alors, nous nous prêtons au jeu, comme avec celui des nouvelles résolutions. Mais cette fin d'année scolaire a un tout autre goût pour moi cette fois, celui d'une page qui se tourne professionnellement : c'est à la fois excitant d'avoir quelque chose à construire, mais aussi perturbant de tomber dans l'inconnu. De plus, j'ai l'impression que rien ne sera plus comme avant, car la suite ne peut pas et ne doit surtout pas être un copié-collé !

Mais revenons à nos moutons : avant toute fin d'année scolaire, il y a la traditionnelle kermesse. Quand nos deux filles étaient à l'école primaire, nous étions très investis tout au long de l'année et, a fortiori, en fin d'année, en tant que parents d'élèves. Enfin, je dois avouer que c'était surtout mon mari. Mais il est vrai que nous restons parents d'élève à vie, et c'est en famille que nous arrivons dans la cour de l'école : nos grandes filles du collège avaient envie d'être présentes, non seulement pour saluer leurs maîtresses de primaire, mais surtout pour jouer aux différents stands dans le but de gagner de superbes lots. Alors, après avoir papoté avec bon nombre de parents, mangé quelques parts de tartes salées et sucrées ainsi que la fameuse barbe à papa, nous rentrons victorieux avec un pistolet à eau, des hand spinners, jeu qui fait fureur depuis quelques mois, et des pots de pâte à prout. Encore une belle soirée passée en famille !

Et comme on dit « jamais deux sans trois », le lendemain, nous ressortons en famille à l'occasion de la Saint-Jean. J'adore cette période de l'année, car il y a de nombreuses occasions de faire la fête en famille et, en plus, sans ouvrir le porte-monnaie. Nous voilà donc partis pour une ville voisine qui fête en ce jour à la fois la fête de la musique et celle de la Saint-Jean : au programme, différents groupes sur scène, et de quoi grignoter. Mais, après une heure passée à écouter une chorale d'enfants, puis deux jeunes filles qui ont repris de belles chansons, et après avoir mangé équilibré avec des « saucisses-frites », la suite de la soirée ne s'annonçait finalement pas des plus palpitantes. Nous avons donc migré vers une autre manifestation à l'ambiance « années quatre-vingt ». Tout ce que j'aime ! J'ai fini la soirée en dansant sous le regard amusé et parfois désespéré de mes enfants. C'est la pause dont j'avais besoin, sans étiquette sociale, juste mon corps et moi sur la piste de danse. Pas de déni, mais seulement une déconnexion de la réalité, de ma réalité, le temps d'une soirée, sans me soucier du regard des autres et sans me juger.

C'est fou ce que la musique des années quatre-vingt génère chez moi : je me replonge dans cette période et je me sens légère. Mon cerveau paraît anesthésié et rien ne compte si ce n'est la musique, le présent, le besoin de chanter, de bouger, même si cela peut sembler ridicule ! Je me dis souvent que mes parents ont eu la chance de vivre pleinement ces années-là, légères, insouciantes, sans que le chômage, le terrorisme et la pollution soient omniprésents dans les médias. Autant de sujets toxiques qui nous obsèdent et touchent nos enfants. Cela me fait penser aux mots d'un jeune, interrogé quelques jours après les attentats de Paris : « Pour les jeunes d'aujourd'hui, il est plus facile de mourir que de vivre. » Cette phrase m'a beaucoup marquée et, même si c'est fort, je sais que mes enfants sont loin d'avoir la même insouciance que moi à leur âge. J'aimerais les protéger de tout cela, mais ce ne serait pas les aider à grandir dans le monde qui les attend. Je ne peux que les aimer chaque jour, leur donner les repères qui me semblent les bons, les rassurer dans ce qu'ils ont de bon et de beau pour qu'ils en fassent leur force et leur identité propre.

Bye, bye, les complexes !

Cette semaine marque la fin du collège pour mes filles avec la remise des prix. Elles ont bien travaillé et nous sommes fiers d'elles. Ma cadette chante avec la chorale pour rendre cet événement encore plus festif. Leur collège n'est pas un établissement vraiment réputé, mais il faut avouer que le corps enseignant et la directrice sont très impliqués. J'apprécie cette tradition de remise de diplôme. Elle a le mérite de récompenser les élèves qui ont bien travaillé, mais aussi ceux qui se sont accrochés tout au long de l'année, qui se sont investis dans la vie du collège et ceux qui ont représenté l'école dans les manifestations sportives. Ainsi, tout le monde a sa chance d'être appelé par la directrice pour monter sur l'estrade et recevoir un diplôme. Je crois beaucoup à ces signes d'encouragement qui peuvent provoquer des déclics chez des jeunes où tout est encore à construire.

Ce n'est pas simple d'être parents, mais ça l'est encore moins au moment du choix de leur orientation scolaire : tant qu'ils sont en primaire, l'objectif pour eux est d'apprendre les bases qui vont leur servir toute leur vie. Dans le secondaire, ils construisent petit à petit leur chemin : sans parler de chemin professionnel (même si pour certains, les vocations naissent très tôt), il est chouette de découvrir si leur esprit est plutôt littéraire ou scientifique, de voir vers quels domaines s'oriente leur curiosité intellectuelle. Mes filles ne savent pas encore quels métiers elles voudraient exercer, ce qui me paraît normal, et mon aînée s'inquiète déjà du stage qu'elle devra réaliser en fin d'année pour la troisième. À mon époque, ce stage d'observation n'existait pas. Si toutefois elle ne trouvait pas, elle pourrait toujours le faire avec quelqu'un de notre entourage. Mais j'aimerais vraiment qu'elle le choisisse en fonction de ce qu'elle aime. Aujourd'hui, s'il est important qu'elles réussissent dans leurs études, il l'est encore plus qu'elles évoluent dans une branche qu'elles choisiront. Pourtant, avant toute chose, elles doivent se sentir bien tout simplement, bien dans leur tête et dans leur corps, et en cela, j'ai un rôle à jouer !

Mes filles sont de jolies demoiselles et, chaque fois qu'elles peuvent en douter, je les rassure, car je sais combien les complexes peuvent polluer le quotidien et la vie finalement. Depuis qu'elles sont toutes petites, je les prends souvent en photo. Elles ont plaisir à prendre la pose. Je voudrais tant qu'elles soient à l'aise avec leur corps, qu'elles ne se cachent pas et qu'elles n'aient pas peur du regard de l'autre. Quant à moi, les complexes me sont tombés dessus en sixième : jusque-là, je n'ai pas le souvenir que je ne m'aimais pas ou que je n'aimais une partie de moi. Mais, avant l'entrée au collège, nous avons déménagé, et j'ai débarqué dans un établissement où je ne connaissais personne. Et là, je me suis posé une question que, jusqu'alors, je ne m'étais jamais posée, à savoir : « Quelle image les autres ont-ils de moi ? » En retour d'image, j'avais une fille avec des lunettes, un appareil dentaire, un strabisme plus ou moins prononcé, des yeux marron (marron comme des yeux de cochon, disaient les élèves mal intentionnés) et une poitrine qui ne semblait pas vouloir pousser. Ce dernier point est devenu une fixation. À ce sujet, mon père me disait souvent, alors que je commençais à me développer physiquement :

Mange de la salade, cela te fera une belle poitrine !

Mais j'ai eu beau manger de la salade, mes seins étaient bien décidés à rester tout petits. Pour autant, avec le temps, certains complexes se sont estompés et ont même disparu : je n'ai plus porté de lunettes... enfin, jusqu'il y a peu, où j'ai dû me résoudre à aller chez l'ophtalmo. Mais aujourd'hui, je les assume plus facilement : elles sont même devenues un accessoire de mode. Mon appareil dentaire a été retiré. En ce qui concerne mes yeux, le strabisme s'est atténué ou peut-être suis-je moins focalisée dessus. Mais la couleur de mes yeux a changé : l'œil gauche est devenu de plus en plus vert, alors que l'œil droit est resté marron. Alors, aujourd'hui, j'ai un regard différent des autres, et ce n'est pas tant par mon léger strabisme que par ces yeux de couleurs distinctes. La différence est encore plus nette en fonction de l'éclairage, et il n'est pas rare que des personnes soient troublées par mes yeux. Pour ce qui est de la poitrine, elle a fini par se montrer, même si elle est restée menue, à mon grand désespoir, sauf pendant mes trois grossesses. Il faut dire qu'enceinte, je gonflais de partout, du visage, des cuisses, des fesses, des pieds, alors cela aurait été un comble si je n'avais pas pu avoir, en compensation, un joli décolleté !

Jusque-là, je ne m'étais jamais sentie vraiment femme. Avoir des enfants m'a aidée à me construire en tant que telle. Mais j'étais plus femme, parce que j'étais mère. Certes, je suis mère à vie. Mais quand les enfants sont petits, il est clair qu'aux yeux de la société, vous avez le statut de mère. En effet, vous avez un enfant dans les bras, dans la poussette ou à qui vous donnez la main. Quand ils grandissent, les indices s'évaporent. Quelle identité avez-vous pour les autres si vous-même, vous ne vous sentez pas femme ? Car si, pour toutes les femmes qui ont toujours eu une jolie poitrine, il est difficile de comprendre ce que je veux dire, je suis convaincue que pour celles à la poitrine menue ou absente, mon discours aura de l'écho : qui dit pas de poitrine dit pas de jolis sous-vêtements — parce que je me les refusais —, pas de décolleté, mais un tas de subterfuges pour cacher aux autres ce qui n'existe pas. Rares sont les femmes qui l'assument et en font un atout de séduction. Il faut avoir un sacré caractère et une forte capacité à provoquer pour y réussir. C'est clair que ce n'était pas mon cas. Mais avec les années qui défilent et surtout après ma troisième grossesse, je me suis dit qu'il fallait que j'arrête de me polluer avec tout ça, que je devais accepter mon image. Il était clair que nous n'aurions pas d'autres enfants et par conséquent, mon statut de mère allait pouvoir et devoir laisser de la place à celui de femme. L'amour de mon mari m'a beaucoup fait grandir sur ce sujet, et son côté « zéro complexe » m'a aidée à relativiser les choses. Aujourd'hui, quand je me regarde dans une glace, j'ai changé d'attitude : je cherche plutôt ce que j'aime en moi, et non plus ce que je n'aime pas. Ainsi, j'aime ma bouche que je trouve bien dessinée et sensuelle, avec des lèvres de belle couleur et d'une bonne taille, ni trop grosses, ni trop fines. J'aime mon ventre où se dessinent encore les abdominaux avec tout de même trois grossesses à mon actif. Je suis fière aussi d'avoir le même poids à 42 ans qu'à 27. Finalement, même si mon corps est loin d'être parfait et s'il est quelque peu marqué par les années, je n'ai jamais été autant en harmonie avec lui que depuis mes 40 ans. D'ailleurs, pour l'occasion, je n'ai eu qu'un souhait : celui d'immortaliser la femme que j'étais ! J'ai donc fait venir un professionnel accompagné d'une maquilleuse, pour réaliser un shooting photo. Durant tout un après-midi, je me suis prise au jeu de la pose, avec de temps à autre mes enfants et mon mari à mes côtés. Résultat : un beau book-souvenir pour immortaliser mes 40 ans, comme si le temps s'arrêtait, avant que les années ne marquent mon visage... et le reste ! C'est peut-être anecdotique, mais j'y vois là aussi un signe, un peu comme si m'accepter physiquement était une étape pour être sur mon chemin de vie : à partir du moment où je me sens alignée avec mes valeurs, bien dans mon corps, la projection professionnelle paraît non seulement plus évidente, mais je me sens aussi mieux armée pour faire face aux embûches que je croiserai sur son chemin. Et puis, c'est important d'être à l'aise avec l'image que je renvoie quand je serai face à un recruteur que je devrai convaincre sur le fond, mais aussi sur la forme.

Je suis enfin chômeuse !

Ça y est, nous sommes le 30 juin : je peux m'inscrire sur le site de Pôle Emploi et prendre rendez-vous avec un conseiller. Verdict : l'entretien aura lieu le 18 juillet. La date est désormais fixée. Je suis contente de ne plus piloter mon projet dans le brouillard. Enfin une échéance claire ! Cela fait drôle de me dire que je suis presque contente d'être inscrite. C'est bête, mais cela officialise mon statut : je ne suis plus entre les deux ni tout à fait en emploi, mais pas encore demandeuse d'emploi. Aux yeux de la société, je suis enfin reconnue comme faisant partie d'un ensemble. En même temps, le fait qu'il n'y ait plus d'ambiguïté sur mon statut me fait basculer sans équivoque du côté des chômeurs, et je ne sais pas quand je rebasculerai de l'autre côté. Et malheureusement, malgré ma courte expérience sur le sujet, je suis d'ores et déjà convaincue qu'il est plus facile et rapide de passer de salariée à chômeuse que l'inverse. Aujourd'hui, je rentre dans les statistiques de la longue liste de chômeurs, et il va falloir m'armer de courage, de persévérance, de patience pour, un jour, en être rayée. J'espère non pas que cela ne sera pas trop long, mais surtout que je ne trouverai pas le temps trop long : cela voudra dire que j'aurai réussi à mettre cette parenthèse à profit et que ce que j'en aurai fait me servira inévitablement pour la suite. En attendant, le rendez-vous avec Pôle Emploi fixé au 18 juillet me donnait aussi une échéance pour finaliser mon projet de formation, afin de le présenter à la conseillère et convaincre pour la prise en charge de son financement.

Par contre, cette date contrariait notre départ en vacances en famille, et j'allais devoir réserver un billet de train pour rejoindre les miens dans le Sud. J'aurais pu décider de repousser ce rendez-vous jusqu'à notre retour, mais, me connaissant, c'était prendre le risque de ressasser un tas de choses pendant les vacances, ce dont je n'avais vraiment pas besoin. Ajouté au fait que cela décalerait d'autant le versement de mes indemnités. Alors, toute la famille allait devoir se faire à cette petite contrariété.

Ça y est, j'ai trouvé ma formation !

Les filles n'ayant plus cours depuis une semaine, elles sont parties chez leur tante pour huit jours. Mon mari et moi n'avons donc plus que notre fiston. Cela fait drôle de se retrouver à trois : la maison est plus calme, et ce n'est pas la guerre à table pour savoir qui sera le premier à nous raconter sa journée. Là, toute notre attention est tournée vers Loulou. Quand je le récupère de l'école, nous ne sommes que tous les deux, et ce moment est propice aux confidences et aux questions existentielles du style :

— Tu as eu mal quand tu as accouché ?

— Oui, sur le moment, j'ai eu mal : les douleurs de l'accouchement sont fortes.

— Et tu as quand même fait trois bébés alors que tu savais que tu allais avoir mal ?

— Oui, mais cela fait partie de la naissance. Mais quand vous êtes nés, j'étais tellement heureuse que, finalement, la douleur n'était rien devant les miracles que j'avais accomplis.

Ou

— Maman, est-ce qu'il t'est déjà arrivé d'avoir de la peine pour un ami ?

Mon fils est un sensible et un émotif, doté d'une bonne dose d'humour qu'il tient de mon mari. Cette petite parenthèse sans ses sœurs semble lui faire du bien. Pourtant, je dois avouer que l'absence des filles me pèse, car, pour le coup, je passe mes journées toute seule, et cela joue sur mon moral en cette fin de semaine.

La bonne nouvelle est que j'ai consulté toutes les formations en lien avec la réalisation de bilans de compétences et la démarche

ADVP, et j'ai trouvé un centre qui propose tout un parcours certifiant qui commencerait en septembre. J'appelle la responsable pédagogique, pour être sûre qu'il est adapté aussi à des personnes en reconversion. Elle me rassure sur ce point, d'autant qu'elle souligne mon parcours de responsable des ressources humaines qui, dit-elle, me donne assurément des prédispositions à l'accompagnement. Soulagée et heureuse qu'une tierce personne, qui ne me connaît pas, voit une cohérence évidente entre mon projet et mon parcours. Elle me rassure aussi sur le fait qu'il est encore temps pour moi de m'inscrire et va m'adresser un devis. Je lui fais part de ma situation récente et lui explique que je vais essayer d'obtenir la totalité ou une partie du financement du parcours via Pôle Emploi. À défaut, je le complèterai en utilisant mon CPF, compte personnel de formation. Je raccroche, ravie de cette nouvelle. Par contre, le timing va être serré : le 18 juillet, j'ai mon rendez-vous avec Pôle Emploi, j'enchaîne avec mes vacances et le centre de formation ferme le 1er août, et ce, jusqu'au 28 août. Un peu stressant, mais stimulant à la fois, car au moins les choses se concrétisent.

Petit coup de mou

Aujourd'hui, nous sommes le 7 juillet : cela fait un mois pile que je ne bosse plus et je n'ai l'impression ni de m'être ennuyée ni d'avoir chômé, tout en étant chômeuse. Mais au bout de trente jours, je déplore de ne pas avoir beaucoup avancé. J'ai beau me dire que je ne suis au chômage que depuis une semaine et que la période de l'été n'est pas la plus propice pour retrouver un travail ou entamer une formation, trente jours, c'est quand même quelque chose : c'est trente fois 24 heures, soit 720 heures, et j'ai le sentiment de n'avoir pas fait grand-chose en 720 heures. Cela ne me ressemble pas. Alors, aujourd'hui, le moral n'est pas loin de zéro. En plus, je viens de recevoir par mail une réponse négative pour une candidature. Elle se rajoute aux deux autres que j'ai déjà reçues sur la douzaine envoyée. Certes, il n'y a rien de grave, mais c'est juste que ce petit mail de refus n'arrive pas au bon moment et n'est pas fait pour me remonter le moral.

C'est l'heure de l'apéro !

Ça y est, c'est les vacances pour tout le monde et les filles sont de retour, ravies de leur semaine durant laquelle elles ont été bien occupées. C'est sûr qu'à la maison, elles auraient trouvé le temps long. Chez leur tante, il n'y a ni télé ni tablette... la déconnexion totale. Alors, à peine arrivées, l'urgence pour elles est de récupérer le Wifi et de regarder leurs messages. Pas vraiment besoin de leur maman et de leur petit frère. Cela m'attriste un peu et, en même temps, il faut se faire une raison, c'est la génération actuelle. Mais je dois avouer qu'un jour, cela m'a exaspérée de les voir tellement accros aux écrans, comme si elles aussi étaient en recherche d'emploi. Aussi ai-je instauré que la tablette, c'est un jour sur deux. Elles ont pesté, mais finalement elles respectent bien la nouvelle règle. Quant à mon fils, il en était privé jusqu'au début des vacances pour une bêtise : c'est la punition qui fonctionne bien.

Mon mari rentre, et pour être sûre de rassembler toute la famille, je concocte un petit apéritif. Rien de tel que des cacahuètes pour créer du lien et de l'échange. En plus, nous avons non seulement les retrouvailles à fêter, mais aussi l'anniversaire de mon garçon qui aura 8 ans demain ! Moralement, cela va me faire du bien.

Mon fils a 8 ans

Dimanche 9 juillet : mon fils a 8 ans et nous allons le fêter en plusieurs fois : ce midi juste entre nous, ce soir avec ma famille et, dans deux semaines, avec ma belle-famille. J'ai du mal à croire et à accepter que mon loulou ait déjà 8 ans. Physiquement, il a beaucoup changé, ses traits se sont affinés. Oublié, son visage de bébé avec ses bonnes joues ! Maintenant, c'est un petit mec, avec sa coupe qu'il soigne tous les matins avec attention. Il a même une amoureuse depuis le début d'année, à qui il fait des dessins, des bracelets… Enfin bref, je ne suis plus la seule dans son cœur ! Mais ce qui me rassure, c'est qu'il reste très câlin et, inévitablement, comme il est le dernier, il est toujours le bébé de la famille. Il est à l'âge où il peut encore jouer sur les deux tableaux. Alors, il en profite !

C'est non seulement l'anniversaire de mon garçon, mais aussi celui de ma sœur qui est née le 4 juillet. Une fois n'est pas coutume, j'ai envie de lui faire un petit cadeau. En fait, c'est rare que nous soyons là le 9 juillet. En général, nous sommes déjà partis en vacances, et nous fêtons l'anniversaire de Loulou bien souvent dans le Sud. Mais cette année, avec les vacances qui commencent plus tard, nous ne partirons que durant le week-end du 15 juillet. En début d'année, j'ai eu une longue discussion avec ma sœur : elle me disait que notre relation lui manquait et qu'elle aspirait à ce que nous retrouvions notre complicité d'avant. Je suis l'aînée d'une famille de quatre enfants, et mes frères et sœurs ont toujours été importants pour moi : même en grandissant, j'ai toujours eu à cœur d'être la grande sœur, d'aider et de protéger les uns et les autres. Mais je dois avouer que les fils qui nous liaient se sont quelque peu distendus. La vie, les enfants, le boulot, nos projets respectifs nous ont entraînés chacun dans une spirale infernale, et le temps a fait le reste. Moi aussi, je souffrais de cette relation épisodique et espérais qu'avec mon nouveau boulot, mon nouveau rythme de vie m'apaise et m'apporte plus de sérénité pour être pleinement avec ceux que j'aime. Cela a été le cas : nous nous sommes plus régulièrement vus et ma famille a été d'un grand soutien il y a un mois, quand ma période d'essai a pris fin. Alors, ce petit cadeau a plus une valeur symbolique, juste pour montrer combien ma sœur est chère à mes yeux.

La soirée s'annonce sous les meilleurs auspices : il fait bon, nous pourrons manger dehors. J'ai dit à mes invités de venir à partir de 18 heures, histoire de profiter de la soirée. Le menu que j'ai prévu, côtes de bœuf et frites, devrait convenir à tout le monde. C'est donc avec une joie non dissimulée qu'à 19 heures, nous trinquons au plaisir d'être ensemble, à la réussite scolaire de tous nos enfants et aux vacances à venir, avec l'idée de se retrouver début septembre pour en partager les meilleurs souvenirs. La soirée se déroule paisiblement avec l'incontournable et traditionnel spectacle des enfants avant le dessert, mais aussi avant l'orage qui nous fait rentrer dans la maison. Pour la première fois depuis très longtemps, ma sœur et mon fils sont réunis pour souffler leurs bougies. Cet instant est donc plus lourd de sens qu'il n'en a l'air. Au moment des cadeaux, je sens ma sœur très sensible de recevoir le mien. L'émotion est palpable, même si nous ne nous attardons pas. J'ai choisi un collier qu'elle a beaucoup aimé. D'ailleurs, j'ai appris par la suite qu'elle avait acheté les boucles d'oreilles coordonnées. J'avais donc vu juste ! La soirée touche à sa fin, et mon mari se propose de faire le voiturier pour que chacun regagne sa voiture sans trop se mouiller malgré les trombes d'eau. Quant à moi, j'empile toute la vaisselle dans la cuisine : elle attendra demain, car maintenant j'ai plutôt envie de regagner mon lit. Une fois couchée, je repense à la soirée : je me sens bien, comme apaisée.

Gros coup de blues...

Ce lundi matin, je me suis réveillée après une nuit difficile, et cela a donné le ton de toute la semaine. Malheureusement, connaissant des soucis de sommeil depuis des années, je suis une habituée des nuits hachées. Si l'origine du problème était liée au travail, malheureusement, pendant les vacances, la situation ne s'arrangeait guère. À ce sujet, l'énergéticienne m'avait dit que tant que je ne serais pas dans mon chemin de vie, il y aurait une mauvaise circulation dans mon corps. Ma vessie ne serait donc jamais vidée complètement, ce qui générerait des allers-retours aux toilettes... donc des réveils nocturnes suivis de cogitations interminables. Mais comme par enchantement, depuis que je ne travaille plus, je dors beaucoup mieux. Cela fait des années que je n'ai pas aussi bien dormi, et ce, sans médicament ou autre. De là à en conclure que ne plus travailler est mon chemin de vie, c'est peut-être un peu rapide !

Mais, comme j'aurais pu le deviner, depuis que je suis au chômage et, précisément, depuis le jour où je m'y suis inscrite, c'est l'inverse qui se produit : là, je sais que je ne suis pas dans mon chemin de vie, et je dors de nouveau moins bien, jusqu'à me réveiller plusieurs fois par nuit pour aller aux toilettes. Après, plus possible de me rendormir. Je commence à cogiter, à réfléchir à mon avenir et cela m'angoisse. Je vois les heures défiler, et ce n'est qu'à l'aube que je tombe de fatigue. D'ailleurs, j'avoue que cette sensation de ne plus pouvoir lutter contre le sommeil, alors que le jour n'est pas loin de se lever, et de se sentir happée comme dans un tourbillon est plutôt agréable pour moi qui ai beaucoup de mal à lâcher prise. Mais ces quelques minutes ne suffisent pas à me faire oublier les longues heures où j'enchaîne les réflexions, qui n'ont pas forcément de lien entre elles, d'ailleurs.

Alors ce matin, je me lève à 10 heures passées, avec un nœud dans l'estomac et l'impression d'être oppressée. Je prends de grandes respirations avec l'espoir de sentir ce nœud se défaire, mais il est encore présent, même si légèrement atténué quand je prends mon petit déjeuner. Il est clair pour moi que ce n'est pas le fait de rester à la maison qui m'angoisse, mais bien celui d'être au chômage. Et c'est vrai, car en y réfléchissant, je me suis déjà retrouvée à la maison lors de mes différents congés maternité et pour mon congé parental. Mais je n'étais pas en situation de culpabiliser, car si je restais chez moi, c'était soit pour me reposer et préparer l'arrivée d'un enfant, soit parce que cela se révélait être la meilleure solution pour toute la famille. À ce moment-là, mon statut de femme et de mère au foyer était justifié, cohérent et en aucun cas culpabilisant. Mais aujourd'hui, je me sens mal à la maison, et ce pour plusieurs raisons.

La première, la plus évidente, qui me vient, est que je suis à la maison, alors que mes enfants sont maintenant assez grands pour se gérer seuls. La deuxième est que j'y suis avec l'objectif de construire mon avenir professionnel. Mais cela ne meuble pas toutes mes journées, et moi qui avais l'habitude de les avoir bien remplies, toujours occupée à courir, je dois avouer que je suis déstabilisée de voir les jours s'écouler. La troisième est que je suis à la maison avec les enfants, que je peux me coucher tard et me lever tard pendant que mon mari travaille et se lève tous les matins à 6 h 30. Enfin, de manière sous-jacente, je suis là à dépenser l'argent, pendant que lui travaille pour en gagner. Et ici, je vais toucher à un sujet qui n'est déjà pas toujours évident dans un couple, mais qui devient vite sujet de discorde quand l'un des deux est au chômage.

En réalité, je suis quelqu'un qui fait naturellement attention à ses dépenses, mais là, au chômage, c'est comme si je n'avais pas le droit d'en faire. Enfin, c'est plutôt que je ne me donne pas l'autorisation de dépenser. Et cela va même plus loin, je culpabilise les autres lorsqu'ils le font. C'est ainsi que je me suis pris le chou avec mon mari, car il avait fait un gros achat : je lui ai fait remarquer que ce n'était pas très malin, vu ma situation. Mon mari m'a alors sermonnée, et je dois avouer que sa colère à mon égard était fondée, même si lui a avoué n'avoir pas forcément réfléchi. Quant à moi, je pense qu'avoir passé trois nuits quasiment blanches me rend extrêmement sensible, à fleur de peau, et mon mal-être est décuplé. La crise que j'ai faite à mon mari n'a rien arrangé. Je n'ai pas fermé l'œil de la nuit qui a suivi. Le lendemain, je suis d'ailleurs allée à la pharmacie racheter mes petites billes magiques. Cela faisait un mois pile que j'avais arrêté d'en prendre, mais là, je sentais la fatigue s'accumuler, et mon moral était au plus bas. Il me fallait agir.

À bien y réfléchir, je pense que mon stress était lié non seulement à l'argent, mais aussi à mon rendez-vous avec Pôle Emploi le 18 juillet. À cause de cet entretien, je ne pouvais pas descendre dans le Sud avec mon mari et mes enfants. Cela me contrariait à plusieurs niveaux : le plus évident, ne pas partir tous ensemble atténuait l'enthousiasme et l'excitation qui règnent à l'approche du départ en vacances. Ensuite, cela impliquait que mon mari fasse huit heures de route avec les enfants, et je n'étais pas sereine : non pas que je n'ai pas confiance en lui, mais un accident est si vite arrivé que je me dis que deux paires d'yeux valent mieux qu'une. Et difficile de responsabiliser une de mes filles sur ce sujet. Enfin, dans le Sud, nous occupons la maison de famille, du côté de mon père, donc MA maison de famille, et arriver après tout le monde ne me réjouissait pas. Quand je dis « tout le monde », il s'agit de ma belle-famille avec mon beau-père et ma belle-sœur qui auront pris possession des lieux, auront fait les courses… Enfin, bref, quand moi j'arriverai, je pense me sentir un peu comme si j'étais invitée chez moi.

Quant à mon rendez-vous à Pôle Emploi, plus il approchait, plus je me disais que j'en attendais trop et que je n'en sortirais pas beaucoup plus avancée. De quoi alimenter à l'avance mon sentiment de frustration et mon impression de ne pas être productive. Pourtant, il me fallait raison garder, et si je n'avais pas la main sur grand-chose, je pouvais décider de profiter des miens avant qu'ils ne partent. Pour cela, j'avais encore quarante-huit heures. Je passai donc un coup de fil à mes parents pour aller leur faire un petit coucou le lendemain à l'heure du goûter et proposai à ma famille de nous rendre au bal populaire, afin d'admirer le feu d'artifice du 14 juillet dans une ville voisine.

Il est temps de briser la glace

Mais, avant tout ça, j'avais besoin de me réconcilier avec mon mari. En effet, depuis ma crise au sujet de l'argent, nous nous étions refermés, l'un et l'autre, et nos échanges étaient limités au strict minimum : l'ambiance était pesante. Même mon fils était mal à l'aise avec ce silence. En fin psychologue, il me disait :

— Maman, dis-nous ce qui ne va pas… si tu ne dis rien, comment veux-tu que nous t'aidions ? Si tu parles, nous pourrons t'aider !

Je trouvais son implication trop mignonne et, malgré ses 8 ans, son raisonnement était signe d'une grande maturité : comme s'il savait déjà qu'il n'était pas bon de ressasser les choses, de les garder pour soi, et que seule la parole pouvait être libératrice. Au fond de moi, j'espère qu'il appliquera toujours ce principe pour lui-même et qu'il saura ses parents toujours disposés à l'écouter. L'inverse n'était pas toujours évident et, en ce qui concernait mes tracas du jour, j'estimais que je n'avais pas à impliquer mes enfants et, de ce fait, à les responsabiliser pour des choses qui appartenaient au domaine de l'adulte.

Mais il était temps de parler à mon mari et de combler la distance qui s'était installée entre nous deux en quelques jours. Il n'était pas question de le laisser partir en vacances sans que l'abcès soit percé. Sait-on jamais, s'il leur arrivait quelque chose sur la route ? Et même s'il ne leur arrivait rien, à cet instant, je ne supportais plus cette pseudo indifférence que nous nous forcions à jouer, et il était clair que c'était à moi de faire le premier pas : j'avais été trop loin dans mes accusations et dans mes réprimandes. Nous avions fini de manger. Les enfants étaient montés sans que nous ayons eu besoin de leur dire : ils devaient sentir que leurs parents avaient besoin de se retrouver. Ils sont aussi habitués à ce que leur père réclame le silence pendant sa sieste et savent ce qu'ils risquent s'ils font du bruit.

Mon mari était resté sur la terrasse pour boire son café et profiter de ce moment de tranquillité. C'est le moment que j'ai choisi pour briser la glace : mes mains autour de son cou, un bisou sur son front (j'ai lu que le bisou sur le front était celui qui témoignait le plus de tendresse, loin devant celui sur les lèvres). La glace était en train de se fendiller… un mot d'excuse… la glace était en train de fondre… Mon mari m'a pris les mains, m'a dit combien je l'avais énervé, combien il m'aimait, qu'il fallait arrêter de lui pourrir et de me pourrir la vie avec des bêtises, que l'essentiel n'était pas là, que l'essentiel, c'était nous ! À ces mots, je me trouvais bien ridicule et n'avais qu'une envie : retrouver l'essentiel dès ce soir sous la couette !

Nos parents ne sont pas éternels...

J'étais contente de revoir mes parents : ils étaient partis dans la maison de famille depuis début juin. Cela faisait un mois et demi que nous ne nous étions pas vus, et il s'en était passé des choses depuis. Ils étaient en forme, tout bronzés, cela faisait plaisir à voir. Mes parents sont encore jeunes, mais la vie peut réserver de mauvaises surprises, alors les moments que je partage avec eux deviennent de plus en plus précieux.

C'est étrange, il y a un âge où nous prenons conscience que nos parents peuvent quitter ce monde un jour prochain ; ce jour peut arriver dans dix ans, mais il peut aussi arriver demain. Cet âge-là nous tombe dessus sans crier gare. Je crois que pour moi, la vraie prise de conscience eut lieu il y a peu. Mon mari a perdu sa maman alors que j'entamais ma quarantième année, et ma mère a perdu la sienne alors qu'elle avait 40 ans. Je me souviens avoir réalisé que c'était bien trop jeune pour perdre sa mère. Alors, depuis que j'ai fêté mes 40 ans, je ne vois plus mes parents de la même façon : ils me paraissent plus vulnérables et plus fatigués. Je me dis que le temps que je passe au côté de ma maman, c'est autant de temps qu'elle n'a pas pu passer avec la sienne, et ces moments en deviennent encore plus précieux.

Nous sommes toutes les deux à un âge où nos rôles peuvent facilement s'intervertir. Quand ma mère est fragile, c'est moi qui essaie d'être forte, et quand je suis fragile, elle se montre plus forte et tente de trouver les mots pour m'apaiser, me rassurer et m'encourager vers d'autres chemins. Comme il est bien connu que « l'on conseille les autres bien mieux que soi-même » (Eschyle – Ve siècle av. J.-C.), l'une comme l'autre, nous manquons de clairvoyance quand il s'agit de nous-mêmes. Au moment de se dire au revoir, me sachant seule trois jours, maman me propose de venir dîner un soir. Touchée par l'attention, j'accepte avec plaisir.

Au bal populaire !

De retour à la maison, l'ambiance est enjouée : mon mari et moi, nous nous sommes expliqués, et les enfants sont contents que nous sortions tous ensemble ce soir. Un morceau de pizza et un yaourt plus tard, nous nous garons dans la ville voisine pour aller danser au bal et assister au feu d'artifice du 14 juillet. Il est un peu plus de 21 heures, le feu d'artifice étant programmé pour 23 heures, je prie pour qu'il y ait du monde, de l'ambiance et que le DJ qui anime le bal soit d'enfer. Sinon, je sais d'avance que ma petite famille ne patientera pas deux heures, et que chacun à tour de rôle me jettera un regard ou me fera une remarque pour m'implorer de rentrer à la maison, du style :

— Elle est nulle la musique ! Y a personne, c'est normal, c'est pourri !

— Maman, s'te plaît, on peut rentrer à la maison ?

Rassurée, car, de prime abord, il y a l'air d'avoir un peu de monde, plusieurs petites cabanes en bois pour se restaurer, un grand bac à sable avec des transats pour l'ambiance vacances… le tout sous un magnifique ciel bleu. La soirée s'annonce sympathique ! La musique est bonne, du moins à mon goût, avec la série des années quatre-vingt. Mais, à y regarder de plus près, sur la piste dansent un groupe de gens du voyage et quelques mamies qui semblent s'être égarées. Déjà que mon mari et mes enfants ne sont pas de très grands danseurs en public, mais là, il va m'être difficile de les convaincre de venir sur la piste avec moi.

En ce qui me concerne, il n'est pas question que je reste là à écouter la musique et à regarder les autres danser. C'est donc seule que je pars rejoindre le milieu de la piste en chantant « Viens danser » de Gilbert Montagné, bien décidée à profiter de cette soirée. Et le DJ enchaîne avec « Et tu chantes, chantes, chantes ce refrain qui te plaît, et tu tapes, tapes, tapes, c'est ta façon d'aimer... nuit de folie ! » et ça marche : de plus en plus de gens viennent se trémousser sur la piste. Pourtant, j'ai beau faire de grands signes à mon mari et à mes enfants pour qu'ils me rejoignent, ils ne bougent pas et me regardent d'un air amusé. Si je vais les retrouver, ils risquent de me dire :

— Allez, maman ! On s'en va. Y a que toi qui danses...

J'essaie de leur faire comprendre que je suis déçue, mais je reste au centre de la piste à côté de deux mamies qui ont vraiment la forme : elles ont l'air de randonneuses, avec leur pantacourt, leurs baskets et leur sac à dos, mais encore fraîches pour danser jusqu'au bout de la nuit. De temps à autre, nos regards se croisent, et nous esquissons un petit sourire, car, il faut bien l'avouer, les autres personnes qui évoluent à nos côtés ne semblent pas venir du même monde que nous : les hommes, torse nu, une bière ou une cigarette à la main, les femmes aux dents dorées, habillées en longue jupe avec des sandales, mais tous heureux. Leur grand sourire montre combien ils sont contents de faire la fête ensemble, déambulant d'un groupe à un autre, improvisant des pas de danse sans se préoccuper du regard des autres. Ou peut-être que si : ils se savent observés, mais s'en amusent, car en aucun cas, ces regards ne vont les empêcher de faire la fête. Bien au contraire ! Quelque part, c'est peut-être eux qui ont raison : la vie se vit sur l'instant, la musique se danse sur l'instant. Dans un bal, qui sont les plus ridicules ? Ceux qui dansent comme leur cœur les y invite ou ceux qui regardent, qui se dandinent, mais qui n'osent pas et qui, pourtant, meurent d'envie d'aller sur la piste ?

Le bal populaire a cette prétention, celle de rassembler les gens autour de la musique, quelles que soient leur culture, leur origine sociale. Et la vie vient de m'apprendre que nous pouvons vite changer de catégorie : il y a un mois, j'étais cadre, avec un bon salaire, et aujourd'hui, je suis au chômage, comme des millions de Français. La vie enseigne l'humilité et la tolérance. Je ne pense pas que j'en manquais, mais une dose de plus n'a jamais fait de mal à personne. Finalement, le DJ enchaîne avec des musiques d'aujourd'hui, pour le plus grand plaisir de mes enfants qui se mettent à chanter. Mais pas encore à danser, il ne faudrait pas que je m'emballe. C'est ainsi que le temps est passé en attendant 23 heures. La nuit est tombée, place au spectacle ! Nous nous installons les uns à côté des autres : unis et tout petits, face à l'immensité du ciel qui nous prépare sa magie. Complètement dégagé, il est envahi d'étoiles. Il est déjà un magnifique spectacle à lui seul, sans artifices. Il n'est même pas 23 heures quand le premier pétard est lancé : que le spectacle commence ! Toujours plus haut, toujours plus coloré, sur la musique « Il est où, le bonheur ? » de Christophe Maé, et moi qui ai envie de crier : « Il est là, le bonheur, il est là ! » Cette image est d'autant plus émouvante que l'été dernier, le feu d'artifice a été le drame pour de nombreuses familles fauchées par un fou au volant. C'est triste pour nos enfants qui vont grandir avec le terrorisme, avec la conscience qu'un cinglé peut nous ôter la vie, avec son camion, son couteau. Plus de festivités sans police, sans fouille au corps. C'est un drôle de monde que nous leur offrons, un monde où l'autre suscite la méfiance. Alors, je peux comprendre qu'à leurs yeux, il soit complètement fou de danser à côté de gens que nous ne connaissons pas, et encore plus fou de faire la fête avec eux. À se demander si dans vingt ans il y aura encore des bals populaires ! Le feu d'artifice aura duré au moins vingt minutes, et c'est à minuit passé que je fais le tour des chambres de mes enfants pour leur souhaiter une bonne nuit, un peu émue par la soirée et par l'idée que nous allons être séparés quelques jours. Ni eux ni moi n'en avons l'habitude !

Les valises sont prêtes !

Le lendemain, nous ne nous sommes pas levés très tôt, et la journée s'est déroulée tranquillement : nous avons fait les valises et avons fini de déjeuner en milieu d'après-midi. Les enfants ont joué et regardé la télévision pendant que nous faisions une petite sieste. Au réveil, une impression bizarre : un peu comme si je me préparais à prendre le train tout en sachant, à l'avance, que j'allais rester sur le quai. J'ai essayé de ne rien laisser paraître devant mes enfants, mais je suis convaincue qu'ils ne sont pas dupes et qu'eux aussi ont tout fait pour ne pas me montrer leur déception, leur tristesse devant ce départ en vacances qui n'est pas comme les autres. Ça n'a l'air de rien et, pour bon nombre de famille, c'est très fréquent : un des parents ne peut pas avoir les mêmes dates de vacances que l'autre et, par conséquent, l'un part avec les enfants et l'autre les rejoint. Mais pour nous, chacun est touché que les membres de la famille ne fassent pas ensemble le trajet vers les vacances. Je suis convaincue que la route va sembler longue pour tout le monde. Ce qui est sûr, c'est que moi, je ne pourrai me détendre que lorsqu'ils seront arrivés à la maison de famille dans le Sud.

En attendant, ce soir, les valises sont faites et sont entreposées dans le séjour. Les enfants sont en pyjama devant la télévision, mon mari regarde une de ses séries et moi, je bouquine dans mon lit. Bref, rien de spécial : chacun fait comme si… Mais le lendemain matin, à 6 heures, c'est une autre histoire : mon fils a du mal à sortir du lit, alors je lui fais un gros câlin, l'habille comme s'il n'avait pas 8 ans, mais 4, l'installe sur son rehausseur avec un plaid pour qu'il continue sa nuit. Mes filles ont du mal à cacher les larmes qui naissent au coin de leurs yeux. Je leur recommande une dernière chose : faire la causette avec leur papa pour qu'il reste éveillé et s'assurer qu'il fait bien une pause. Quant à mon mari, je lui ai fait promettre de conduire tranquillement, de ne pas serrer les véhicules qui ne se rabattent pas ou ceux qui déboîtent à la dernière minute. Les filles m'ont promis de me dire si cela n'était pas le cas. S'il y a bien un truc très masculin, selon moi, et que j'ai du mal à comprendre, c'est la conduite et le comportement dangereux dont les hommes peuvent faire preuve, juste par fierté et un ego mal placé. Le problème, c'est que la réaction de l'autre n'est pas prévisible et, malheureusement, cela se confirme souvent dans les faits divers. En effet, de nos jours, il n'est pas rare de croiser un automobiliste violent, voire armé. Alors, je dis qu'au volant, mieux vaut finalement être trop gentil. En effet, quand il y va de ma vie, je préfère être trop gentille, trop conne, mais vivante, plutôt que trop fière, mais entre quatre planches !

Premier jour seule à la maison

Ça y est, cette fois-ci, il est l'heure de partir, et c'est bien la première fois que je me retrouve seule sur le perron à dire au revoir de la main à toute ma famille. Les sept prochaines heures vont être très longues. Alors, rien de tel qu'un livre pour me faire penser à autre chose et ne pas voir le temps passer, jusqu'à ce que le sommeil me rattrape. Je me réveille plus de quatre heures plus tard, et ma première pensée est de me dire qu'à cette heure-là, ils devraient être à Lyon… Cinq minutes passent, et comme si mon cerveau était connecté à celui de ma fille, un texto tombe: « Nous sommes un peu après Lyon et allons faire une pause. »

Bonne nouvelle ! Sereine, je me lève et vais prendre mon petit déjeuner. Il est 11 h 30 quand je suis douchée. Dans un peu plus d'une heure, une amie me rejoindra pour déjeuner. Elle vit une période très difficile: elle est en pleine séparation. Cela me fait relativiser clairement ma situation, car, à bien y réfléchir, je préfère être au chômage plutôt que me séparer de mon conjoint, surtout maintenant que nous avons trois enfants. Même si nos sujets de conversation risquent de ne pas être très heureux, entre elle, en pleine séparation, et moi, au chômage, je suis sûre que nous allons passer une belle journée: parler nous fera le plus grand bien, surtout que je sais que l'oreille sera bienveillante. Je commence à préparer notre festin, quand je me mets à partir dans mes pensées: je crains que ces trois jours et trois nuits ne me paraissent une éternité. Difficile pour moi de rester à la maison, qui plus est, toute seule. Je ressens comme une angoisse. C'est la première fois que cela m'arrive.

Beaucoup de femmes font le choix de ne plus travailler pour s'occuper de leurs enfants et sont épanouies. Jamais cette idée ne m'a effleuré l'esprit : si, à la naissance de mon troisième enfant, je me suis accordé une pause et me suis arrêtée de travailler, c'était pour garder mon fils, car notre nourrice nous avait lâchement abandonnés en fin d'année. J'avais passé les vacances de Noël à rencontrer des assistantes maternelles sans avoir eu de coup de cœur. Après ce que nous venions de subir, sans un vrai coup de cœur, je n'aurais pu me résoudre à laisser mes enfants à une tierce personne et à retourner travailler. J'ai dû naturellement mettre la barre très haut, car aucune nounou n'a trouvé grâce à mes yeux. C'est ainsi qu'après Nouvel An, j'informais mon patron de mon souhait de prendre neuf mois de congé parental, afin de garder mes enfants jusqu'à la rentrée à l'école de ma cadette.

La psychologue que j'ai consultée l'année suivante m'a fait prendre conscience que, dès la naissance de mon fils, je souhaitais prendre un congé parental, mais que je n'assumais pas ce choix, comme si j'avais peur d'être jugée et de ne plus pouvoir revêtir la cape de superwoman qui assure à la maison comme au boulot. À la base, j'allais la voir pour ma cadette qui, lors de sa rentrée à l'école, ne savait plus quelle était sa position dans la famille, si elle était une grande ou si elle était encore un bébé aux yeux de sa maman pendant que moi, je ne savais plus si ma place était à la maison avec mes enfants ou au travail. Si pour ma fille, il n'a fallu que deux séances, moi, j'ai dû prendre une sorte de carte d'abonnement. Ces rendez-vous me faisaient un bien fou. Rien que d'être dans la salle d'attente, l'introspection commençait et je me sentais bien, avec moi-même : le temps s'arrêtait et j'écoutais le silence (ce qui dans une maison avec trois enfants de 1 à 6 ans était de l'ordre de l'impossible, excepté peut-être à 2 heures du matin… mais à cette heure-là, je n'en avais rien à faire d'écouter le silence). La psychologue m'a demandé combien de temps j'allais continuer à attendre que la vie me donne ou m'autorise ce dont je rêvais au plus profond de moi-même : elle faisait allusion à la petite boutique que je rêvais de reprendre, ce que je n'osais faire pour un tas de raisons qui me semblaient, à ce moment-là, toutes plus valables les unes que les autres. « C'est à vous de prendre les rênes ! » Ainsi, je devais commencer à décider du cours des choses, au lieu de le subir. Deux ans après, je signais la reprise de cette boutique et donnais naissance à ce qui est pour moi comme mon quatrième enfant.

Je suis stoppée dans mes pensées, car mon amie sonne à la porte. À peine est-elle arrivée que je reçois un appel de ma petite famille : ils sont bien arrivés et vont déjeuner avec mon frère déjà sur place. Mon beau-père et ma belle-sœur devraient arriver d'ici à ce soir. Soulagée que le trajet se soit bien passé, je peux me détendre et me consacrer à mon amie. Malgré son quotidien difficile et toutes mes cogitations en tête, l'après-midi fut agréable, agrémenté d'un généreux soleil et d'un délicieux gâteau au chocolat. Je ne sais pas vous, mais moi, j'ai besoin de ma dose de chocolat, surtout quand le moral n'est pas au top. Aussi, me retrouvant seule après le départ de ma famille, recevoir une amie était un prétexte largement suffisant pour m'offrir cette petite douceur qui allait quelque peu compenser leur absence durant ces trois jours. Ce n'est pas rare que je fasse un gâteau au chocolat quand l'envie me prend, mais je culpabilise moins s'il y a une raison autre que mon seul plaisir. Surtout que je suis gourmande et que je ne suis pas sûre que le gâteau tienne trois jours ! Mon amie a repris la route en fin d'après-midi. Le temps de ranger un peu et de me rafraîchir, me voici partie chez mes parents.

La fille de papa-maman

Sur la route, je me dis que cela fait bien longtemps que je ne me suis pas retrouvée seule avec mes parents. Ils ont eu quatre enfants, et aujourd'hui, ils ont neuf petits-enfants. Alors, quand nous nous voyons, il y a souvent beaucoup d'agitation. Ce dîner à trois est comme un cadeau, suspendu dans le temps, durant lequel je suis partagée entre en profiter pour avoir une discussion sérieuse autour de mes préoccupations actuelles et me laisser bercer par les sujets qui s'enchaîneront au gré du repas.

Je finis par opter pour la deuxième idée, car j'ai besoin de légèreté, de penser à autre chose, d'autant que ce soir, il fait bon sur la terrasse et que maman a cuisiné une bonne quiche dont elle seule a la recette, accompagnée d'une salade verte. Il en faut peu pour que je replonge naturellement vingt-cinq ans en arrière, et cela fait du bien. À cette heure, je ne suis plus mariée, plus la maman de trois enfants, plus au chômage. Je suis juste une fille qui a toute l'attention de ses parents. Alors, quand ma maman me propose de revenir le lendemain soir, plutôt que de rester toute seule, j'accepte avec plaisir. Finalement, cette première journée fut agréable.

De retour à la maison, je me sens bien et n'ai pas envie de me coucher tout de suite. C'est ce moment que choisit mon mari pour m'appeler et me donner des nouvelles. Son père et sa sœur sont bien arrivés. En compagnie de mon frère et de sa femme, ils sont allés à la plage et viennent de finir de dîner tous ensemble sur la terrasse. À l'extinction du chant des cigales, chacun se prépare à regagner son lit. Tout va bien, mais cela leur fait bizarre que je ne sois pas avec eux. Ma présence leur manque… mais pas tant que la leur, quand je décide à mon tour de me coucher et que je ferme une à une les portes de leurs chambres vides.

Journée en pyjama

Ce matin, le réveil est difficile. Je commence à redouter mon rendez-vous de Pôle Emploi de demain. Non pas qu'il me fasse peur, mais plus j'y pense, plus je me dis que j'en attends de trop et que je ne dois pas me faire trop d'illusions. Tout le monde me dit que ce premier rendez-vous sera juste administratif et que, pour tous les autres projets et questions, il me faudra patienter. Mais au fond de moi, j'espère pouvoir entreprendre, dès demain, quelques démarches en lien avec le cursus certifiant envisagé, car j'ai vraiment besoin que les choses avancent : j'ai de plus en plus de mal à gérer ce surplace. Je refais le point sur les candidatures que j'ai déjà adressées : une douzaine depuis un mois et seulement trois réponses par mail, toutes négatives. Faut dire que j'ai fait le choix de cibler des postes bien précis en accord avec mon projet et des entreprises en phase avec mes valeurs, tout en sachant qu'il me manque un bagage de formations. Mais je tente quand même avec l'espoir que, peut-être, les entreprises seront prêtes à me former. Quoi qu'il en soit, il est difficile de savoir si c'est mon profil qui ne séduit pas ou si c'est la période estivale qui veut cela, mais, à voir les profils recherchés, il est clair que le parcours certifiant m'apporterait un complément considérable pour valoriser ma candidature. Alors, une fois de plus, patience semble être le maître-mot.

D'ailleurs, j'ai lu dans un article que, dans le cadre d'une reconversion professionnelle, il ne servait à rien de courir, car la précipitation dans les actions et dans les décisions amène bien souvent à une mauvaise reconversion : reconversion rime avec maturation. Ce n'est que quand le projet arrive à maturation que les choses s'enchaînent avec évidence. Alors, même si j'ai du mal à l'accepter, il va me falloir être patiente. Par acquit de conscience, je consulte, comme tous les jours, les annonces actualisées : rien qui me corresponde. Alors, je me lance dans un nouveau Mooc. Je connaissais le concept de nom, mais je n'avais jamais pratiqué avant cette période de chômage. Depuis le début du mois de juin, j'en ai suivi plusieurs autour du thème des ressources humaines. Il s'agit de formations accessibles à tous, gratuites, à réaliser à son rythme selon un calendrier défini au départ. Le support est plutôt convivial, riche en matières. Alors, je prends des notes, télécharge des documents avec trois finalités en tête : la première, rester connectée aux actualités RH ; la deuxième, retirer de la matière qui sera peut-être utile un jour, lors d'un entretien d'embauche, ou plus tard si j'anime des formations ; la troisième est d'observer le formateur et de noter une méthodologie de transmission de compétences.

Quatre heures plus tard, mon estomac m'informe qu'il est temps de faire une pause. Il est quinze heures, je me déconnecte. Mais finalement, je n'ai pas très faim alors je me prépare juste un encas, que je vais grignoter devant un film. Quand le générique défile, je réalise qu'il est déjà 18 heures et que mes parents m'attendent pour dîner. La journée sera passée finalement très vite, et je suis toujours en pyjama. Je dois reconnaître que c'est assez jouissif de passer toute la journée en tenue relax. Un sentiment d'insouciance, une journée qui casse les codes sans trop de rythme et d'obligation. Mes enfants se le permettent souvent quand il fait moche dehors et que nous n'avons pas grand-chose de prévu. Je me vois leur demander de s'habiller pour passer à table. Mais qu'est-ce qui me motive quand je fais ça ? Quelle est mon argumentation pour les convaincre de s'habiller ? Elle est bien pauvre, je le crains. Le rosbif – frites – haricots verts du dimanche n'en sera pas meilleur. Mais c'est juste parce que, dans une journée normale, dans tous les esprits, il est habituel de s'habiller après la douche qui, elle-même, prend place après le petit déjeuner.

C'est le classique rituel qui rythme aussi la journée, en tout cas, la journée normale. Mais aujourd'hui, je peux librement convenir que ce n'est pas une journée normale : c'est la veille de mon inscription à Pôle Emploi en tant que chômeuse. Alors, je me donne le droit de faire l'enfant qui se laisse porter sans prêter attention à l'heure, et cela fait du bien. Aussi, je file à la douche, m'habille, puis direction « la maison de maman et papa ».

Cette fois-ci, je ne suis pas seule avec eux : il y a aussi ma dernière petite nièce. La symbolique est rigolote : mes parents vont dîner avec leur fille aînée et leur dernière petite-fille. Ils ont beau avoir eu quatre enfants et huit petits-enfants avant cette merveille, ils sont ébahis devant chacun de ses faits et gestes. Je ne suis pas jalouse, mais ce soir, je ne suis plus au cœur de leur attention. Je rentre plus tôt que la veille et appelle mon mari avant de me coucher : avec sa sœur, ils ont fait les courses le matin et, l'après-midi, ils sont allés se baigner. « La mer est plus chaude qu'hier, me dit-il, elle est à 20 °C. » Mais si je veux espérer pouvoir y tremper mes pieds à mon arrivée, une à deux journées ne seront pas de trop !

Premier rendez-vous à Pôle Emploi

Comme je me couche tard, je me lève tard. Ce n'est pas plus mal : comme ça, j'évite de trop cogiter. Aujourd'hui ne déroge pas à la règle et c'est une bonne chose, car à partir du moment où j'ai ouvert les yeux, mon cerveau est en grande effervescence. Ça y est, c'est le grand jour : celui de mon rendez-vous à Pôle Emploi ! Il est à 13 heures. Dans le courrier de convocation, il est indiqué qu'il faut prévoir une heure. Et en fin d'après-midi, à 18 h 15, je prends le train à la Gare de Lyon, direction Aix-en-Provence pour retrouver ma petite famille. Je me suis renseignée : en tant que chômeuse, j'ai droit à cinq semaines de congés, et ce, quelle que soit l'ancienneté de mon statut de demandeur d'emploi. Bonne nouvelle, car, de toute façon, nous avions organisé nos vacances selon les congés que j'avais posés auprès de mon ancien employeur : deux semaines dans le Sud dans la maison de famille. Ces congés vont nous faire du bien après toutes ces émotions : une bonne coupure, avant d'entamer une nouvelle année qui, je l'espère, sera remplie de bonnes surprises ! En attendant, certes, c'est un droit, mais mon devoir est de le signifier auprès de Pôle Emploi, ce que je ferai tout à l'heure.

Il fait très chaud aujourd'hui. Je ne sais pas comment m'habiller pour ce premier entretien. Je ne veux pas paraître trop sophistiquée, même si mon rendez-vous a lieu dans l'agence des cadres : de toute façon, ce n'est pas mon style et qui plus est, avec cette chaleur, je ne serai pas à l'aise. Je ne veux pas m'habiller trop simplement non plus, un peu comme si je ne faisais plus d'effort. Malgré tout, je veux faire bonne impression à mon conseiller-emploi. Alors, ce sera jupe et petit haut : ça devrait le faire. Il n'est pas midi quand mes voisins sonnent à ma porte pour m'informer qu'il n'y a pas de train pour Paris cet après-midi depuis notre gare pour cause de travaux sur les quais. Je ne prends que très rarement le train, ce n'est vraiment pas de chance… moi qui dois me rendre à la Gare de Lyon ! Avant que je n'aie eu le temps de réfléchir à un plan B, mes voisins se proposent de m'accompagner à une autre gare pour que je puisse avoir un train. C'est trop gentil : une chose à penser en moins !

Pour ne pas être en retard à mon rendez-vous, je me présente à 12 h 45 à l'accueil, où la dame me demande gentiment de patienter : « Je vais prévenir que vous êtes arrivée, un conseiller va vous recevoir ». Je m'installe donc ; le hall est vide et très calme, bien loin de tout ce que j'avais pu imaginer. Alors que j'attends qu'un conseiller s'occupe de moi, je prends part, involontairement, à la conversation d'une conseillère-emploi et d'une demandeuse d'emploi : cette dernière semble avoir du mal à comprendre pourquoi elle n'a pas touché les mêmes allocations que les mois précédents. La conseillère s'y reprend à trois fois pour lui expliquer qu'effectivement, à la reprise d'un emploi, même sur une courte durée, Pôle Emploi ne verse pas le même montant d'indemnités et qu'il recalcule les droits selon le salaire perçu. Au fond de moi, j'envie cette dame d'avoir retrouvé un emploi et espère me retrouver rapidement dans cette situation, à savoir percevoir un salaire de mon travail et ne plus dépendre que des allocations chômage. C'est alors qu'un monsieur vient à moi et me sort de mes pensées : un look original, moustache et bretelles, avec une bonne petite bedaine. Il me dit avec un grand sourire :

— Bonjour ! Bienvenue… Bon, je sais que la formule ne séduit guère, mais en même temps, elle est de circonstances.

Je préfère en rire même si j'aimerais être ailleurs qu'ici !

— Vous êtes là pour une inscription ?

— Oui.

— Désolé, mais cela ne sera pas avec moi. J'ai fait cela toute la matinée. Là, c'est ma pause.

Cinq minutes plus tard, les portes du bureau, avec les murs qui ne vont pas jusqu'au plafond, s'ouvrent. En sortent la conseillère-emploi et la fameuse demandeuse d'emploi qui se saluent. La conseillère-emploi me demande si quelqu'un m'a accueillie, ce à quoi je réponds oui. Puis, elle me regarde d'un air appuyé :

— Votre chemisier ne vous va pas du tout…

— Euh...

Je ne sais comment répondre et préfère attendre pour voir ce qu'il en est.

— … par contre, à moi, il irait parfaitement !

Ouf ! Pendant quelques secondes, j'ai cru avoir fait une énorme faute de style en m'habillant ce matin.

— Alors, comment faisons-nous ? dis-je en souriant, histoire de rentrer dans son jeu.

— Eh bien, ma collègue vous prend les pieds et moi les bras.

Euh… oui ! Et je me retrouve toute nue avant mon rendez-vous ? Je regarde autour de moi : y a-t-il une caméra cachée quelque part ? Est-ce qu'ils sont comme cela avec tout le monde ?

À ce moment-là revient le monsieur aux bretelles, qui me dit :

— Vous avez de la chance ! La personne qui va s'occuper de vous est très gentille !

— Ah bon, parce que vous n'êtes pas tous gentils ?

J'ai l'impression d'être au théâtre avec des personnages hauts en couleur qui ont bien répété leurs répliques. Est-ce une stratégie pour détendre les nouveaux demandeurs d'emploi ? Cela fait-il partie de leur formation ? Faut avouer que cela fonctionne pour moi, et c'est avec un grand sourire que je salue la jeune femme qui se présente devant moi, accompagnée d'une personne en formation qui l'assistera durant notre entretien si je n'y vois pas d'inconvénient. Bien évidemment, non, ce n'est pas une responsable des ressources humaines qui va nuire à la formation d'une nouvelle salariée, tout de même.

À peine installées toutes les trois dans le bureau, mon interlocutrice rentre dans le vif du sujet : « Les droits et devoirs des demandeurs d'emploi ». Nous relisons les informations que j'ai saisies au préalable. Elle me demande si j'ai bien tout compris et si j'ai des questions. Si sur tous ces points, je n'ai pas de question, car j'ai eu le temps de potasser le sujet depuis un mois, j'avoue en avoir tout plein pour la suite, à savoir mon cursus de formations sur la démarche ADVP, une démarche d'accompagnement à vocation personnelle et professionnelle. J'explique pourquoi je l'ai choisi et ce qu'il m'apporterait et m'informe rapidement si Pôle Emploi finance ce type de formation. Il m'est répondu que l'institution n'a pas de budget exorbitant et qu'elle privilégiera les formations collectives. Alors que j'allais poser une nouvelle question, la conseillère m'arrête, en me disant que dans une minute, elle a un autre rendez-vous. Il est 13 h 40 ! Finalement, ce n'est pas une heure de rendez-vous, mais un entretien toutes les quarante minutes. Déjà en une heure, cela me semblait difficile de tout aborder. Alors, effectivement, en quarante minutes…

— De toute façon, nous avons le temps : votre formation ne démarre pas avant septembre, et Pôle Emploi a quinze jours maximum avant la formation pour valider le financement. J'informerai le conseiller référent de votre projet et il reviendra vers vous en temps et en heure.

Ce à quoi elle ajoute :

— Et puis, est-elle vraiment nécessaire, cette formation ? Regardez-moi, j'accompagne bien des personnes tous les jours et je n'ai pas suivi de formation spécifique.

Je n'ose rétorquer que si c'est un état de fait, ce n'est peut-être pas un idéal.

La conseillère va se lever quand je me lance :

— Soit, mais mon souci est de ne pas avoir de place réservée à la session de septembre. Ce ne sera le cas qu'avec l'accord de financement : c'est pourquoi j'ai besoin d'une réponse de Pôle Emploi au plus tôt. Pour moi, entamer ce cursus est important, car, au-delà des outils qu'il va m'apporter, il va aussi me rassurer dans ma posture et dans le crédit que j'aurai demain à accompagner des personnes dans la construction de leur projet, qu'il soit professionnel ou personnel. Afin de vous montrer ma motivation, j'ai déjà constitué un dossier CPF sur le site pour monopoliser mes heures, et je l'ai même imprimé si vous souhaitez en avoir un exemplaire.

Elle regarde sa collègue et consent à aller se renseigner sur la gestion du dossier auprès de ses supérieurs. Pendant ce temps, j'en profite pour questionner la jeune fille en formation et lui demande quel est son parcours pour avoir été embauchée chez Pôle Emploi. Elle me raconte avoir fait pas mal de boulots complètement différents et s'être retrouvée au chômage. C'est son conseiller, séduit par sa capacité à s'adapter, qui lui a proposé de postuler, et la voilà embauchée sans formation particulière. Elle me propose alors de postuler et de transmettre mon dossier. Pourquoi pas ? J'y avais déjà pensé, mais je creuserai l'idée le moment venu. Pour l'instant, je priorise ma formation. C'est alors que revient la conseillère avec tout le déroulé en tête pour constituer mon dossier. Étant donné le timing urgent, elle se propose de s'en occuper intégralement avant son départ en congé à la fin du mois. La bonne nouvelle, me dit-elle, est que Pôle Emploi devrait pouvoir financer une partie de la formation en complément de mes heures CPF, la mauvaise nouvelle est que le cursus ne peut être pris en charge complètement, car le financement de Pôle Emploi est plafonné.

À ces mots, je n'y vois qu'une bonne nouvelle, car j'avais fini par penser que les choses n'allaient pas pouvoir s'enclencher dès aujourd'hui. Je ne ferai qu'une partie du cursus, mais, pour moi, c'est non seulement un premier pas vers mon futur métier, mais aussi un signe que me fait la vie comme quoi je suis sur le bon chemin.

Elle récupère donc mon dossier papier CPF et le validera sur le site. En effet, en tant que demandeur d'emploi, c'est au Pôle Emploi de le finaliser. Quant à moi, il faut juste que je lui adresse une lettre de motivation et la synthèse de mon bilan de compétences : le tout, avant de prendre mon train. Cela va être juste, mais c'est inespéré. Je la remercie du fond du cœur, car, grâce à elle, j'ai peut-être une chance de faire ma formation en septembre. Il est 14 heures quand elle me raccompagne.

Le rendez-vous de 13 h 40 doit me maudire, mais c'est soulagée que je quitte l'agence, contente d'avoir osé : ce premier entretien était bien plus constructif que prévu. Finalement, cette agence est bien loin de l'image préconçue de celle que j'avais, jusqu'à présent, d'une agence Pôle Emploi : accueillante, drôle et efficace ! Je suis bientôt en vacances, mais avant, il me reste quelques petites choses à faire.

Course après le train !

De retour chez moi, je me presse, car il me faut adresser tous les éléments demandés à Pôle Emploi, manger un peu, prendre une douche — il fait décidément très chaud — couper l'eau, éteindre la chaudière et arrêter le gaz pour mettre ma maison en condition « Vacances », pour être prête à 15h25 ! Eh oui ! c'est l'heure que m'a fixée mon petit voisin pour m'accompagner à la gare. Drôle d'heure pour un rendez-vous, mais je n'allais pas offusquer mon chauffeur de 80 ans. À sa décharge, il avait une course à faire à 16 heures. Autant j'aime être occupée, autant là, je stresse. J'ai peur d'oublier quelque chose, d'autant qu'une fois dans le train, je ne pourrai pas faire demi-tour.

J'allume l'ordinateur et pendant qu'il s'initialise, je prends vite une douche pour me rafraîchir. Je recherche dans mes mails la synthèse rédigée par la consultante qui m'a accompagnée en bilan de compétences et, avant de la mettre en pièce jointe au mail que je vais rédiger pour la conseillère de Pôle Emploi, je relis la conclusion et suis rassurée de voir que mon projet pour une reconversion dans l'accompagnement est annoncé clairement sans équivoque et que la nécessité de se former à quelques méthodes est même précisée. En guise de lettre de motivation, je rédige quelques lignes pour expliquer pourquoi j'ai besoin de réaliser la formation ADVP et sollicite Pôle Emploi pour le financement en complément de mes heures CPF. Les mots me viennent facilement, tellement je me suis répété ce discours avant mon rendez-vous. Un quart d'heure plus tard, mon mail est envoyé. Reste à attendre que ma conseillère défende mon dossier devant sa hiérarchie et que la commission m'accorde la prise en charge évoquée.

Ma valise sur le pas de la porte, j'éteins le gaz et je coupe l'arrivée d'eau. 15 h 20, pas le temps de manger, j'embarque de quoi grignoter et boire dans le train. Je sors de la maison au même moment que mon voisin. Il m'ouvre le coffre pour que j'y dépose ma petite valise, et c'est parti, direction la gare.

Il est 16 h 15 quand je consulte le tableau des départs de la Gare de Lyon : mon train est prévu à 18 h 15, mais je regarde à quelle heure est le prochain train. Je n'ai pas besoin de consulter le tableau très longtemps pour en trouver un pour Marseille : il est à 16 h 25 ! Aïe, il me faut de nouveau accélérer le mouvement : passer un coup de fil à mon mari pour le prévenir et m'assurer qu'il pourra venir me chercher plus tôt, échanger mon billet, trouver le quai, la voiture et m'installer… Je cours, je monte quatre à quatre les escaliers… cours de nouveau sur le quai, monte dans le train. Il n'y a pas grand-monde, mais je cherche ma place : c'est mon côté « Je respecte le cadre ». J'ai réservé un billet pour une place bien précise dans le train, je m'installe à cette place, même si le wagon est quasi désert. Ça y est, place 115, je m'assieds : je suis bien contente, car ce marathon s'arrête. Je suis dans les emplacements à quatre : je serais surprise de rester seule très longtemps. Je ne suis assise que depuis une minute qu'un message au micro nous informe que le train aura dix minutes de retard au départ en raison du grand nombre de voyageurs. C'était bien la peine que je coure et risque de tomber dans les escaliers. Je suis en nage, j'ai soif et faim, car finalement, je n'ai pas pris le temps de manger à la maison. J'ai juste eu la bonne idée d'embarquer les dernières parts de gâteau au chocolat. Un sifflet retentit, les portes se ferment et je finis les dernières miettes… un vrai régal !

Foutez-vous la paix !

Le train démarre. Le wagon s'est un peu rempli : j'ai effectivement des voisins à ma table à qui j'ai fait un signe de tête et un sourire lors de leur installation. Mais je n'ai pas l'intention d'entamer la conversation. J'aspire juste à me poser et à me détendre. Quoi de mieux que de me plonger dans un livre, mon passe-temps favori ? J'adore lire. Ce n'est pas pour autant que je suis dotée d'une importante culture générale, car mes livres ne sont pas les grands classiques. S'il fut un temps où j'appréciais beaucoup les romans policiers, je suis maintenant plutôt avide de romans contemporains. J'ai un peu moins de trois heures devant moi, soit largement assez pour entamer la lecture du livre que mon père m'a prêté la veille : un ouvrage de Fabrice Midal, au titre éloquent : « Foutez-vous la paix ! Et commencez à vivre », parfaitement bien choisi pour moi qui suis toujours en train de me torturer l'esprit, de vouloir tout maîtriser et d'être complexée pour un oui ou pour un non. À chaque page, l'auteur semble se moquer gentiment de moi et me donne des outils ainsi que des pensées positives pour sortir de ce cercle vicieux. C'est un livre qui se lit facilement. Je souris, j'analyse et je regarde le paysage pour méditer sur une nouvelle pensée. J'observe mes compagnons de voyage : d'un côté, une jeune femme au style simple et bien sage, un peu comme une bonne sœur en civil qui, elle aussi, semble absorbée par sa lecture. De l'autre, un homme en costume qui travaille sur son ordinateur. En face, un jeune couple avec une petite fille de 9 mois environ, qu'il essaie d'occuper comme il peut : la maman avec des câlins, et le papa en jouant. Dans un wagon, il y aurait mille et une vies à raconter, à imaginer : la bonne sœur pourrait bien partir ou revenir d'un voyage spirituel, l'homme d'affaires rentrerait d'un séminaire et serait content de retrouver sa famille, et le couple ravi rejoindrait des amis pour une semaine à la plage.

Mais je n'en ai pas le temps, mon livre m'appelle et je tourne les pages les unes après les autres, avec l'envie d'avoir fini le bouquin pour mon arrivée à Aix-en-Provence.

Le défi n'est pas impossible et me stimule, un peu comme si ce trajet en train était une parenthèse, une sorte de sas entre un quotidien préoccupant et la sérénité que devraient m'apporter ces vacances. Je me mets à imaginer que ce livre est magique, qu'il va me délivrer un message et me donner toutes les clés pour réussir à me foutre la paix. Aussi, ne pas le terminer avant la fin du voyage serait comme prendre le risque de ne pas avoir tous les éléments pour y parvenir… tout au moins le temps des vacances. Car je me connais assez pour savoir que, de retour à la maison, avec le quotidien à gérer, mes cogitations reprendront aussitôt. Mais bon! quinze jours de sérénité sont déjà un beau cadeau. Alors que je suis dans mes pensées, le jeune couple bataille pour calmer la petite puce qui ne trouve pas le sommeil et, après quelques minutes de grands pleurs, la maman opte pour la solution magique : un ordinateur portable avec un dessin animé. Dès les premières images, c'est incroyable, l'enfant est captivée par l'écran. Les pleurs s'arrêtent net. Sur l'instant, je suis soulagée, car je ne me voyais pas supporter ce bruit jusqu'à ma descente du train. Eh oui ! j'ai beau avoir été jeune maman avec des petits, aujourd'hui, je suis contente que mes enfants aient grandi et de ne pas avoir à faire l'animatrice pour les occuper pendant le voyage. J'avoue supporter de plus en plus mal les pleurs des enfants des autres. Mais je déplore aussi que, de nos jours, un enfant de 9 mois soit déjà aussi facile à canaliser avec un écran. À cet âge, mes enfants, je les calmais avec une histoire, une berceuse, une peluche et un gros câlin.

Attention ! je ne juge pas ces parents qui ne pensent pas à mal, car eux-mêmes ont connu les écrans, les ordinateurs et les téléphones portables plus tôt que moi. Mais quand je vois le temps que mes enfants, âgés de 8 à 14 ans, passent devant les écrans, et le mal que nous avons à les déconnecter de temps à autre, je suis heureuse qu'à 9 mois, leurs compagnons de voyage aient été Sophie la girafe, leur doudou fétiche et un livre cartonné où, à chaque page qu'ils tournaient, ils pouvaient entendre une nouvelle comptine. Quoi qu'il en soit, la solution miracle du dessin animé sur l'ordinateur a eu raison de la petite fille qui dort maintenant paisiblement sur les genoux de son papa : image attendrissante, car le papa est très grand et musclé, et la gamine n'en paraît que plus petite. Le calme retrouvé dans le wagon, je peux enfin reprendre ma lecture, et ce n'est pas sans une certaine fierté que je finis le livre peu avant l'annonce indiquant cinq minutes d'arrêt en gare d'Aix-en-Provence. Un peu comme si, en fermant ce livre, je disais à toutes mes interrogations de me laisser tranquille le temps des vacances. Reste à espérer que mon cerveau se déconnecte bien… Quoi qu'il en soit, les vacances pouvaient commencer !

Enfin les vacances !

À peine sortie de la gare, j'aperçois notre voiture : quel timing ! À l'intérieur, mes trois enfants, habillés comme pour aller à la messe le dimanche : deux à l'arrière et ma cadette assise à côté de son papa, au volant. Je prends donc place à l'arrière après avoir fait un bisou à chacun. Ils sont fiers de me dire qu'ils se sont faits beaux pour moi, et mon garçon s'empresse de me raconter leurs trois premiers jours de vacances : la plage, la mer, les cousins, les barbecues, les cigales, le soleil… À leur façon, ils me témoignent leur affection et me parlent du vide que mon absence a créé. Sur la route, il y a un endroit que j'adore : au milieu de la garrigue, la route sinueuse nous conduit en haut des collines, face à la mer. Puis la route descend et la voiture poursuit son chemin comme si elle allait plonger dans l'eau : quand j'étais petite, avec mes frères et sœurs, nous attendions ce moment avec impatience. Comme par magie, la mer, fidèle amie avec qui nous passions toutes nos vacances, semblait, à cet endroit précis, vouloir nous dire « Bonjour et bonnes vacances ! » Chaque fois, cela me fait le même effet, même quarante ans plus tard, et j'ai à cœur de partager cette magie avec mes enfants. Ainsi, quand ils aperçoivent ce joli triangle bleu, ils disent « Bonjour, la mer ! », comme ils lui diront « Au revoir ! » deux semaines plus tard pour cette année. À ce moment précis, je me dis : « Non, c'est maintenant que les vacances peuvent vraiment commencer. »

Vacances au rythme du soleil...

Les vacances dans le Sud ont cette saveur particulière d'être, d'année en année, sensiblement les mêmes : mon mari et moi passons avec nos enfants des vacances quasiment identiques à celles que mes parents passaient avec ma fratrie. Chacun à son rythme émerge et prend son petit déjeuner sur la terrasse sous un soleil plus ou moins fort en fonction de l'heure. Vers 11 heures, direction la mer, avec, au choix, la grande plage de sable, la petite crique près du phare ou la plage de cailloux. À chaque endroit ses plaisirs et ses activités ! Le retour se fait sur le coup de 13 heures, heure à laquelle les vacanciers ouvrent les glacières pour le fameux pique-nique sur la plage. Nous, nous préférons rentrer pour déjeuner sous la pinède et profiter de l'ombre pour une bonne sieste. Au réveil, petit encas sucré partagé avec les parents et les enfants avant un retour à la plage sous un soleil plus doux et de belles lumières contrastées : c'est d'ailleurs à cette heure-là que je réalise les plus belles photos souvenirs des vacances. Selon le programme de la soirée, nous rentrons prendre une douche et nous faire beaux pour assister à des festivités qui se déroulent dans les villes voisines, ou nous restons tranquillement à dîner sur la terrasse, à discuter en compagnie des cigales dont le chant se fait de plus en plus discret. Parfois, le simple spectacle d'un ciel magnifiquement étoilé accompagné de musique nous émeut tellement qu'il n'y a pas besoin de mots. Nous pouvons aussi entendre la musique des campings des alentours, avec la danse des tongs ou l'élection de Miss et Mister Camping. Je savoure ces moments, tant ils me rappellent ceux que je vivais quand j'étais gamine : le monde a certes beaucoup changé, mais les soirées sur la terrasse en famille à observer les étoiles tout en jouant aux jeux des confidences sont toujours les mêmes. Comme si, chaque été, nous avions le pouvoir magique de retourner des années en arrière. Ce n'est pas la même génération qui raconte les histoires, mais toutes ont dans le cœur la même nostalgie de leur enfance.

Au revoir, le Sud !

C'est ainsi que les journées défilent, au ralenti, à vivre au rythme du sommeil, de l'estomac et du soleil, au gré des visites des cousins, des voisins, de mon frère avec sa famille qui a fait le choix de s'installer dans le Sud. Le temps semble suspendu et pourtant, les quinze jours sont presque finis. Cela aurait pu être la déconnexion totale, mais c'était compter sans le coup de fil de Pôle Emploi. Mais pas n'importe quel appel… celui me disant que ma formation était financée ! Je suis trop contente : une étape franchie ! Comme quoi, en juin, je n'avais pas perdu mon temps à constituer mon dossier, et j'avais eu raison d'oser aborder ce point dès le premier rendez-vous. Mon conseiller référent m'a dit que j'avais de la chance, car il est rare que ce type de demande mette aussi peu de temps à être traitée. Je veux bien le croire, mais je suis preneuse de tous ces petits signes qui m'indiquent à leur manière que je suis sur le bon chemin ! J'ai passé quelques appels dans l'après-midi pour finaliser les démarches administratives et, maintenant, je n'ai plus qu'à croiser les doigts pour qu'il reste une place pour moi sur la session de septembre : elle s'étalerait sur deux semaines à Paris et commencerait le mercredi 20 septembre pour finir le vendredi 29. Cela me donnerait au moins un point de départ positif à cette nouvelle vie. Mais une fois de plus, il va me falloir être patiente, car le verdict ne tombera que fin août à la réouverture du centre de formation. Pendant les quinze jours de vacances, j'ai aussi continué à regarder les offres d'emploi et j'en ai sélectionné quelques-unes pour formaliser mes candidatures à mon retour. Eh oui ! il nous faut partir, car voilà mon petit frère qui arrive avec sa famille pour profiter à son tour de la maison avec des amis. Il est temps pour nous de lui laisser la place. Au revoir, le Sud, au revoir, la mer !

Je vis !

Sur la route du retour, je me mets à penser à ce que je lisais à l'aller : avais-je réussi à me foutre la paix ? J'ai peur d'en douter, puis il me revient en tête une question de ma fille :

— Maman, pourquoi ris-tu souvent comme ça depuis que nous sommes en vacances ?

— Comment ça, comme ça ?

— Eh bien ! tu ris fort comme si tu étais saoule, sauf que je sais que tu n'es pas saoule, puisque tu ne bois jamais...

— Je crois tout simplement que c'est parce que je me sens heureuse... légère !

En disant cela, une somme de petits moments me revient en tête, des moments où je souris, je ris, je danse, je chante, je joue avec mes enfants, je marche pieds nus dans le sable, je bois un dernier verre sur la terrasse en regardant les étoiles, je goûte les plats qui mijotent sur le feu, j'arrose les herbes aromatiques, je cueille du basilic pour agrémenter la salade de tomates, je dors et me fais réveiller par un rayon de soleil au travers des volets, je savoure ma tartine beurrée avec du miel, en compagnie des cigales, je fais la sieste à l'ombre des pins, je lis, j'écris, je fais l'amour, j'écoute de la musique, je rêve... enfin bref, je vis. Alors, oui, j'ai dû réussir à me foutre la paix. Et qu'est-ce que cela fait du bien !

Les kilomètres du retour

Cerveau : case 1

Mais j'aurais dû le parier : au fur et à mesure que nous franchissons les kilomètres qui m'éloignent du Sud et me rapprochent de la région parisienne, mon cerveau reprend son activité, et j'ai beau essayer de faire diversion en chantonnant les musiques qui passent à la radio, plus je me dis de ne pas penser, plus je pense… Rapidement, toutes les cases de mon cerveau sont de nouveau alimentées de questions. À chaque case, son sujet : une pour les enfants, une autre pour mon couple, une troisième pour mon avenir professionnel, une quatrième pour la maison, une autre pour mes parents, une avant-dernière pour toutes les personnes qui me sont chères, une dernière pour moi tout court. Dans certaines de ces cases, il y a des sous-cases. Que c'est fatigant de porter tout cela ! Je me sens d'un coup bien lourde, et ce n'est pas juste à cause du pain frais et du miel, qui se sont insidieusement glissés dans mes fesses.

La première case : mes enfants. En vrac, les sujets qui me taraudent : mon aînée rentre en troisième avec le brevet. J'ai du mal à réaliser qu'elle sera bientôt lycéenne. Les examens, l'orientation, les petits copains, le premier bisou, le premier amour, la première fois… Enfin, bref, en si peu d'années tant de choses qui vont faire de mon premier bébé une femme. Ma cadette passe en cinquième. Elle a des facilités et un comportement qui la font se démarquer facilement des autres. J'espère que, cette année, elle trouvera des élèves pour la tirer vers le haut et restera une fille équilibrée. Croisons les doigts pour que son emploi du temps lui permette de poursuivre le hand-ball, car elle a bien accroché l'année dernière. Quant à mon dernier, je n'ai pas trop d'interrogations, juste l'envie vaine qu'il ne grandisse pas trop vite…

Cerveau : case 2

Bon, maintenant, la deuxième case : mon couple. Je sens bien que cette nouvelle situation nous a déstabilisés, mais jusqu'à présent, nous n'en avons pas vraiment parlé. Non pas que nous n'y pensons pas : si moi, j'y pense, je peux supposer qu'il en est de même pour mon mari, mais chacun réfléchit et préfère voir les choses venir. Et puis, ne pas en parler, c'est aussi nous préserver le temps des vacances, un peu comme si je n'étais pas au chômage, mais juste en vacances, certes un peu prolongées pour l'instant. Dans une semaine, mon mari reprendra le travail, dans un mois, les enfants retrouveront le chemin de l'école, alors nous ne pourrons plus ignorer la situation ou faire semblant que tout est normal. Il faudra bien que nous nous parlions, que chacun dise comment il se sent, ce qu'il ressent : peut-être cela sera-t-il plus facile un soir où nous n'aurons pas les enfants ? Mes parents et ma belle-sœur ont prévu de les garder chacun quelques jours d'ici la rentrée.

Ce que je voudrais partager, c'est que je me sens comme coupée d'une partie de moi, celle de la femme active. Et sans cette partie, je réalise que je ne peux être moi et que, même quand je retravaillerai, je ne serai plus la « moi » d'avant. Le chômage casse quelque chose, génère des angoisses, mais aussi des envies. Je suis convaincue que la vie est bien faite et qu'elle recréera quelque chose d'autre à la place de ce qui n'est plus. Quelque chose de meilleur ? Ça, je l'espère, mais je ne le sais pas. Et forcément, tout cela va jouer sur nous. Même s'il ne le montrera pas, mon mari risque d'être plus sous pression à la rentrée. Sans même faire le lien avec ma situation, cette période est toujours très chargée à son boulot, alors, je ne peux m'empêcher de penser qu'avec moi au chômage, il va se mettre encore plus de pression. Aussi ne suis-je pas sûre finalement que partager avec lui toutes mes questions, mes angoisses soit une bonne chose. Jusqu'à présent, il a fait celui qui ne s'impliquait pas trop dans mes démarches, juste, de temps en temps, une ou deux questions, pour savoir où j'en étais, et chaque fois, ce discours assuré et rassurant auprès des autres :

— Son ancien employeur ne mérite même pas que nous parlions de lui, c'est un mal pour un bien qu'elle ne travaille pas plus longtemps avec lui… Ma femme a toujours bien géré sa carrière, il n'y a pas de raison, elle va rebondir.

Je sais qu'il me fait confiance, qu'il croit en moi et en mes capacités, mais combien de temps ce discours, comme le vernis sur un ongle, va-t-il tenir ? Avec le temps, le vernis s'écaille et le moindre éclat se voit. Alors, je me mets à penser qu'il faut vite que je rebondisse, pour que des fissures ne fragilisent pas notre couple.

Cerveau : case 3

Quant à la troisième case, elle est des plus évidentes : si j'ai bien une place en septembre pour ma formation, celle-ci ne dure que six jours étalés sur deux semaines. Et après ? J'en ai bien une autre en tête, voire deux autres, mais comment les financer ? Pôle Emploi ? À moins d'un coup de chance, d'un budget qui n'aurait pas été épuisé en fin d'année, qu'il faudrait à tout prix utiliser pour les bonnes statistiques, ou alors d'une grande force de conviction de mon conseiller-emploi auprès de ses responsables, je n'y crois pas trop… Tiens, d'ailleurs, le courant avec mon conseiller-emploi personnel est plutôt bien passé : en un après-midi, il m'a contactée quatre fois, à chaque fois pour compléter ses conseils et s'assurer que j'avais tous les éléments en ma possession. Est-il toujours aussi consciencieux avec tous ses accompagnants ou aurais-je bénéficié d'une attention particulière, auquel cas je pourrais essayer d'en jouer un peu ? Bon, ne rêvons pas trop. En tout cas, je peux attester du grand professionnalisme de certains employés de Pôle Emploi : certes, j'ai eu peut-être de la chance, mais je suis preneuse... un autre signe que la vie vous sourit quand vous êtes sur le bon chemin !

Pour ce qui est du financement, si ce n'est pas Pôle Emploi, peut-être le conseil régional ? Non, je ne dois pas rêver, car si, régulièrement, le conseil régional finance intégralement des formations, elles sont choisies pour répondre aux besoins du marché du travail et sont à destination du plus grand nombre de demandeurs d'emploi. Il s'agit alors de formations en anglais, de celles consacrées aux métiers du secteur sanitaire et social. Alors, pas la peine de se faire d'illusions, une formation en accompagnement professionnel ou en bilan de compétences n'est clairement pas dans la lignée de celles financées par le conseil régional. Je pourrais les payer moi-même, mais je préfère exploiter toutes les autres pistes avant, car je culpabilise de prendre sur le budget familial. J'ai déjà fait perdre assez d'argent à notre famille avec la création de ma petite boutique. Se former a un prix et il est difficile d'en connaître le référentiel : en moyenne, les formations souhaitées sont aux alentours de 1500 euros pour six jours, mais j'ai aussi reçu un devis à hauteur de 1000 euros pour deux jours. Est-ce pour autant la garantie d'une pédagogie et d'un apport de qualité ? Je n'en suis pas si sûre...

D'ailleurs, l'argent est ma principale source d'angoisse : avec mon dernier emploi, je gagnais bien ma vie. J'étais fière de la manière dont j'avais négocié mon salaire par rapport au précédent. Même si cela n'avait duré que quatre mois, c'était confortable d'imaginer être rémunérée ainsi tout le reste de ma vie professionnelle et faire des projets d'achats, de vacances, de voyage... Avec l'allocation chômage, tout cela est parti en fumée. J'ai aussi une crainte, celle de ne pas réussir à retrouver non seulement ce niveau de salaire, mais même celui que j'avais juste avant. Ainsi, je nous ferais perdre notre train de vie. Attention ! Celui-ci n'était pas un train de vie de luxe, loin de là, mais il était confortable. Jusqu'à présent, ma rémunération n'a fait que progresser, et même si je n'étais pas augmentée tous les ans, en vingt ans, je suis arrivée à passer du simple au double, en évoluant dans les fonctions et en changeant d'entreprise. Avec le chômage, je retombe au niveau de mes débuts. Sauf qu'entre-temps, vingt ans ont passé : je me suis mariée, j'ai trois enfants à charge et le coût de la vie a sacrément augmenté.

Cette démonstration me donne le tournis, pour ne pas dire qu'elle m'angoisse et me met la pression pour la suite. J'en arrive à me dire ceci : que t'est-il passé par la tête, il y a un peu moins d'un an, le jour où tu es allée voir ton patron pour lui dire que tu ne pouvais plus continuer et que tu souhaitais négocier ton départ ? Certes, cela faisait dix ans que tu exerçais le même métier, cinq ans que tu n'avais plus la même lueur dans tes yeux quand tu partais travailler. Les derniers temps, il y a même des jours où tu allais travailler à reculons, mais tu avais un travail, des collègues et personne ne t'embêtait. Cela pouvait durer encore longtemps comme cela. Alors, pourquoi ?

Et ensuite, pendant ta période d'essai, pourquoi n'as-tu pas été juste celle que ton patron attendait, à savoir quelqu'un qui va toujours dans son sens ? Qu'est-ce qu'il t'a pris de lui dire ses quatre vérités, de vouloir changer les habitudes ? Tu aurais pu faire « comme si », au moins pendant quatre mois d'essai, le temps d'assurer le coup. À cela, j'avoue qu'il ne m'est pas toujours facile de répondre, si ce n'est qu'au fond de moi, je sais que j'ai bien fait. Si j'avais continué, pour l'un, la routine m'aurait tuée à petit feu, et pour l'autre, je me serais perdue… ce qui serait revenu au même. Aussi, j'ai hâte de prouver aux uns et aux autres que c'était le bon choix, et de retrouver ce pétillement dans le regard !

Cerveau : case 4

Pour ce qui est de la quatrième case, la plus rationnelle finalement, elle concerne la maison. J'y mets mes réflexions sur les pièces et les recoins qu'il me reste à ranger, à nettoyer, sur les choses que j'aimerais acheter, sur celles que je pourrais essayer de vendre.

Pour les achats, la liste est très courte, puisqu'il est clair que je ne souhaite pas dépenser notre argent. Je n'ai d'ailleurs pas de besoins spéciaux, mais si j'en avais, j'attendrais de retrouver du boulot pour les combler. Pour les travaux, malheureusement, l'inventaire est plus long : dans une maison, il y a toujours à faire, et à peine une pièce est-elle finie qu'il faut en attaquer une autre. Alors, je commence à dresser une liste : finir la terrasse, encastrer le réfrigérateur (les charnières des portes de l'ancien encastrement ont lâché), changer les deux robinets qui coulent, relooker la crédence et les portes de placard de la cuisine, faire les finitions de notre salle de bains. Si certaines tâches sont dans mes cordes, je me vois mal communiquer à mon mari cette liste qui s'ajoute aux travaux récurrents de l'entretien d'une maison et d'un jardin. Mon mari bosse toute la journée et n'a qu'une envie le week-end : se reposer !

Si nous étions à égalité sur ce point-là quand je bossais, aujourd'hui, je me suis formatée à considérer que son temps de repos est encore plus important et qu'il ne faut pas y déroger.

Cerveau : case 5

Une autre case concerne ceux qui me sont chers, à commencer par mes parents. Ils vieillissent, alors forcément, cela me travaille. Jusqu'à présent, ils sont plutôt en forme : un peu mal, de temps en temps, à droite ou à gauche – rien de grave, pourtant –, et les traits forcément un peu plus tirés qu'avant. Ce sont des retraités très actifs, bien absorbés par leurs différentes occupations. Alors, quand j'ai besoin qu'ils gardent les enfants, je dois les réquisitionner de bonne heure, car leur agenda de ministre se remplit à toute vitesse. L'air de rien, ils ont 66 ans cette année et je ne peux m'empêcher de penser au jour où l'un des deux ne sera plus là.

En fait, j'y pense depuis que la mère de mon mari est décédée, du jour au lendemain : le Premier de l'an 2014, après un arrêt cardiaque. Elle se sentait un peu fatiguée après avoir bien fêté la fin d'année la veille au soir. Alors, elle est allée s'allonger en début d'après-midi. De notre côté, mon mari avait prévu d'appeler ses parents après s'être reposé : comme chaque année, nous n'avions pas vraiment fêté la nouvelle année, mais nous avions envie d'une sieste. Et comme chaque année, j'avais téléphoné à mes parents durant le concert du Nouvel An à midi. Après notre sieste, mon mari a donc appelé ses parents pour leur souhaiter la bonne année. Mais il n'a eu que son père, car les pompiers emmenaient à l'hôpital sa mère qui venait de faire un arrêt cardiaque. Malheureusement, deux semaines après, elle était toujours dans le coma et son activité cérébrale était nulle. C'est ainsi que les médecins nous ont suggéré, le 13 janvier, de débrancher les appareils qui la maintenaient en vie. Nous avons souhaité attendre le surlendemain, car le 14 janvier est le jour de l'anniversaire de ma cadette et nous ne voulions pas que cette date soit aussi celle de l'anniversaire de la mort de sa grand-mère. C'est ainsi que le 15 janvier, elle nous quittait.

Depuis, je suis encore plus consciente que la vie ne tient qu'à un fil et que nous n'avons de prise que sur le présent : alors, autant le vivre pleinement plutôt que de le subir. Mes parents peuvent ainsi partir dans l'autre monde du jour au lendemain. Sans parler de la douleur immense que je ressentirai, je m'en voulais de ne pas savoir ce que mes parents souhaitaient pour leur mort, où ils désiraient être enterrés, comment gérer leur patrimoine. Pendant un peu plus d'un an, j'ai gardé cela pour moi, et ces angoisses se sont ajoutées à celles qui m'empêchaient de dormir. Puis un jour, j'ai osé aborder la question avec eux : certes, la démarche ne m'a pas été facile, mais cela m'a apaisée de leur en parler. Cette discussion était importante, pour que je puisse me projeter dans l'avenir et pour que le futur soit moins sujet d'angoisses. Mon père a été le plus loquace : il a toujours été philosophe, mais aussi très croyant. Alors, la mort, pour lui, c'est juste une continuation, le déroulement normal des choses. Elle fait partie de la vie. Ma mère est angoissée par la mort comme moi, elle a donc préféré écouter mon père. Malgré tout, comme j'étais l'aînée, chacun m'a confié ses souhaits. Depuis ce jour, je prie pour que ces confidences ne me soient utiles que le plus tard possible. Il est sûr que ces échanges n'ont été évidents pour personne, pourtant, je me sens mieux maintenant… si tant est qu'il soit possible de se sentir bien à ce sujet. Mais j'ai toujours, tout au fond de moi, ce petit tictac qui m'invite à bien profiter de mes parents, car leur présence n'est pas éternelle. Alors, si je ne suis pas toujours d'accord avec eux, si ma mère me raconte plusieurs fois la même histoire ou si mon père ne peut s'empêcher de me prodiguer un tas de conseils, quel que soit le sujet, ce n'est rien… un jour, je pleurerai de ne plus les entendre.

Dernière case

Et enfin, il y a moi : moi qui vais devoir me remettre au sport, car je sens que les vacances m'ont bien profité et je redoute le verdict de la balance demain matin. Comme chaque fois, les kilos se sont installés directement dans mes cuisses et dans mes fesses, et peut-être un peu dans mon ventre. Ce serait trop beau si un jour, ils changeaient de direction et que, pour une fois, au lieu de descendre, ils montaient jusque dans mes petits seins. Concernant mes cuisses et mes fesses, je me dis qu'avec un peu de sport, cela pourrait s'arranger. Je n'ai jamais été sportive : j'ai fait de la danse de 4 à 16 ans, avec le fameux gala de fin d'année. Ensuite, quand j'ai rencontré mon futur mari, je me suis mise à courir avec lui : nous habitions dans les Hauts-de-Seine et nous courions tous les dimanches autour de l'hippodrome de Longchamp. Pourtant, coïncidence ou pas, une fois que j'ai eu la bague au doigt, j'ai arrêté et lui aussi.

Si, après trois grossesses, je peux être fière de faire sensiblement le même poids qu'avant la première et de toujours rentrer dans un pantalon en taille 40, pour mon mari, ce n'est pas pareil : il a stocké des kilos à chaque grossesse. Alors, depuis deux ans, il s'est mis à la marche rapide après une alerte qui lui a valu un petit passage aux urgences. Je marche avec lui de temps en temps, mais il préfère faire le tour du stade, et moi, j'aime mieux marcher dans les bois ou dans les alentours pour avoir un panorama différent tout le long : j'ai l'impression que le temps passe plus vite comme ça, et les kilomètres aussi ! Depuis deux ans, je fais de la Zumba et j'adore ça. C'est un bon mélange d'aérobic et de danse. J'ai ce besoin de danser : souvent, je mets de la musique, régulièrement celle des années quatre-vingt, je monte le son et je danse. Alors, quand la prof de Zumba dit : « Allez, les filles !

Cette chorégraphie, c'est comme à la maison ! », je vois très bien ce qu'elle veut dire. Mais maintenant que je suis au chômage, nous devons faire un peu plus attention, faire des économies, à commencer par moi. Alors, je me dis que cette année, la Zumba, ce sera sans moi. À moi les tours de stade ou ceux dans mon quartier ! Pour ce qui est de la danse, je pourrai toujours me faire de petits délires à la maison.

En dehors de ces petits kilos, je vais bien et c'est bien là l'essentiel. Je ne suis jamais malade. D'ailleurs, je n'ai jamais été arrêtée depuis que je travaille, à l'exception d'une semaine pour mes dents de sagesse et pour mes grossesses. Je suis une salariée assidue. De nos jours, c'est assez rare, mais cela suffira-t-il de mettre cela sur mon CV ou de le dire en entretien pour faire la différence et décrocher un boulot ? À suivre…

À quoi penses-tu ?

Nous roulons toujours : alors que mon mari conduit, il me sent pensive depuis un moment et me demande :

— À quoi penses-tu ?

Je ne sais pas quoi lui répondre ni par quoi commencer, alors il m'est bien plus simple de lui dire :

— À rien !

Il n'insiste pas : il n'en croit pas un mot, car il me connaît trop bien, mais cela m'évite d'essayer de dérouler le fil de mes pensées, de tenter de leur donner un sens. Quant à lui, il est dispensé d'essayer de les suivre. D'ailleurs, nous sommes bientôt arrivés. Je n'aurai pas d'autre choix que celui de sortir de ma bulle et de me lancer dans la vraie vie. Plus possible de vivre dans ma cogitation intérieure où l'échelle des possibles paraît disproportionnée. Comme celles des difficultés, après tout. Alors, un pas après l'autre : que cela soit un pas vers l'échec ou un pas vers le succès, ce sera toujours un pas de plus. Rien n'est pire que l'immobilisme. C'est la mort assurée. Alors je vais bouger, me bouger, et ma première motivation sera de perdre ces foutus kilos qui me boudinent dans le jean que j'ai remis pour le retour à Paris. Bien mal m'en a pris ! Je me sens énorme et ne vois que mes cuisses qui s'étalent sur le siège de la voiture. Ouf ! nous voilà arrivés. Chouette ! il faut vider la voiture, je vais pouvoir bouger et arrêter de cogiter !

Alors, as-tu du nouveau ?

S'il y a bien quelque chose que je n'aime pas dans les vacances, c'est le retour, avec tout ce que cela implique : défaire les valises, laver le linge et le repasser, remplir le frigo, nettoyer la maison, car même en notre absence, la poussière et les moutons se sont invités dans chacune des pièces… le tout avec en tête tous les chouettes moments partagés et déjà la nostalgie, car tout est passé trop vite. Et cette année, le retour a un goût particulier : une rentrée sans retour au travail. Pour autant, je n'ai pas la sensation que c'est les vacances qui se prolongent, mais plutôt qu'il y a quelque chose qui cloche.

Il y a comme une anomalie à mon sujet, et mon entourage accentue cette impression sans penser à mal :

— Alors, ça y est, c'est fini les vacances ? Bientôt la rentrée ! Ton mari a repris le boulot ?

Alors, je réponds gentiment, mais je suis frustrée de ne pas avoir de choses concrètes à raconter me concernant, histoire de me donner une contenance. Certains s'aventurent en demandant :

— Et toi, as-tu du nouveau ?

Eh bien non ! je n'ai pas de nouveau : des candidatures restées sans réponse pour la plupart, une demande de formation en attente de date. Je dois patienter jusqu'au 28 août que le centre de formation me dise s'il reste de la place pour la session de septembre. Ce discours ne me ressemble pas. Alors, je me console en me disant que ce n'est pas en plein mois d'août que les choses vont bouger. Mais j'aimerais pouvoir répondre ceci :

— Oui, j'ai du nouveau, c'est super, ma formation est financée et je commence en septembre. En plus, je suis en attente pour une autre en décembre. D'ici là, je suivrai une formation en anglais, car même dans les RH, maintenant, il est demandé un bon niveau et j'ai plusieurs entretiens prévus pour la première quinzaine de septembre.

Si seulement c'était la réalité...

Au secours, je vais me noyer…

Bon, il faut que cela change ! J'ai besoin de concrétiser ma rentrée : c'est la seule raison pour laquelle j'ai hâte d'être le 28 août, afin de contacter le centre de formation et savoir si je fais bien partie de la session du 19 septembre. Je me surprends à en vouloir à mon ancien patron : il n'en menait peut-être pas large quand il a mis fin à ma période d'essai, mais ce jour-là, c'est lui qui avait le pouvoir sur moi et mon avenir. Il en a joué et a fait pencher la balance du mauvais côté pour moi. Avec le recul, je regretterais presque de ne pas avoir écouté ma petite voix après l'avoir rencontré en entretien de recrutement. J'avais ressenti quelque chose de faux chez lui, de pas rassurant, mais je me suis laissé convaincre. J'avais envie de travailler pour une cause qui me touchait et de donner du sens à mes journées de boulot et là, j'en avais l'opportunité !

Quand je dis que je regrette presque, c'est que je ne regrette pas tout à fait, pour la simple et bonne raison que c'est ce poste qui m'a donné le courage de quitter l'entreprise dans laquelle j'étais depuis dix ans et où je sentais que je m'éteignais à petit feu. Un peu comme l'oiseau dans sa cage dorée. J'aurais pu rester, et cela n'aurait pas été aussi inconfortable, mais j'y étais de plus en plus triste. À l'extérieur, le ciel me semblait si bleu et si vaste à explorer que j'ai été tentée de déployer mes ailes et que je me suis mise à voler. Mais, maintenant, je me sens seule comme en plein océan en train de me noyer, à prier pour qu'un bateau me voie et m'envoie une bouée de sauvetage. Le temps passe et… rien. Mais je n'ai peut-être pas bien ou pas assez nagé. Ou pas dans le bon sens. Et si je persévérais, peut-être verrais-je plusieurs bouées à l'horizon ? Peut-être n'y a-t-il pas de regrets à avoir ? Il existe sûrement d'autres pistes à explorer, et malgré toute ma réflexion initiée il y a un an lors de mon bilan de compétences, je n'en suis qu'aux prémices de ma reconversion. Alors, de nouveau, patience ! Il faut à tout prix que je me vide la tête et que je me change les idées. Je vois la pile de linge sale comme une réponse toute trouvée à mon problème : ça y est, je l'ai, ma première bouée !

Maman, le frigo est vide !

Mais alors que j'en suis au moins à ma quatrième machine et que le linge propre commence à s'empiler sur la table à repasser, je n'ai pourtant pas le courage d'enchaîner avec le repassage. S'il y a bien une tâche ménagère qui est loin d'être ma tasse de thé, c'est celle-là, et il me faut admettre, qui plus est, que je ne suis pas douée. Alors je décide d'en faire un petit peu chaque soir en regardant la télévision, cela me semble moins fastidieux. Quoi qu'il en soit, le plus urgent ce matin, c'est d'aller faire les courses, car, dans quelques heures, mes loulous vont crier famine et le réfrigérateur est vide. Direction l'hypermarché ! Et c'est reparti pour mon jeu favori : traquer les produits remisés.

Dans chaque rayon, je scrute les bonnes affaires, les articles avec lesquels je cagnotte de l'argent, ou encore ceux bénéficiant d'une remise, car proches des dates de péremption : soit je les congèlerai, soit nous les mangerons dans les délais indiqués. D'ailleurs, c'est fou le nombre de produits régulièrement en promotion. Par exemple, la lessive : est bien bête la ménagère qui l'achète à prix fort, car toutes les semaines, il y en a en promotion. Certes, ce n'est pas toujours la même marque, mais après tout, il n'y a rien de grave à être infidèle à une marque de lessive. C'est comme les céréales, je n'en achète qu'en promotion, mais quand c'est le cas, il nous faut de la place de stockage, car j'en prends plusieurs paquets : de toute façon, mes enfants en raffolent au petit déjeuner. Enfin, bref, c'est devenu un jeu maintenant et, de retour à la maison, je calcule la somme de mes économies et leur proportion par rapport au total : depuis que je me suis lancé ce défi, mon score est de 42 % d'économie sur le total du ticket. Cela vaut le coup de jouer !

C'est bête, mais j'en éprouve une certaine satisfaction : à défaut de ne pas gagner ma vie, je fais en sorte que nous vivions à l'identique, tout en dépensant moins. Dans le même ordre d'idées, je me suis abonnée à un site qui informe des réductions pour les achats sur Internet, et à un autre qui fait bénéficier de réductions via des achats collectifs. Pour la première fois, j'envisage d'arrêter de payer à plein tarif le coiffeur, par exemple. Je réfléchis encore, mais je pense que je vais me laisser tenter, car de toute façon, il faudra bien que j'aille chez le coiffeur : ma couleur n'est plus très chouette, et les racines sont de plus en plus visibles, avec quelques cheveux blancs pour compléter le tableau. Comme le dit mon mari, cela fait genre « je suis au chômage, alors, je n'ai pas de sous pour le coiffeur ! » Je lui souris et lui réponds que si j'attends, c'est juste parce que je ne suis pas sûre de ce que je veux — ce qui est vrai, d'ailleurs. En effet, j'hésite entre refaire une coloration ou revenir à ma couleur naturelle et faire des mèches. De toute façon, j'ai encore un peu de temps pour me décider, car je m'occuperai de moi quand les enfants auront repris l'école. J'espère seulement ne pas être déçue du résultat. Et puis, si j'ai un entretien d'embauche, je présenterai mieux sans mes racines et mes cheveux décolorés par la mer et le soleil.

Je ne ferai pas ça tous les jours...

Après le linge, c'est parti pour l'opération « grand ménage ». C'est décidé, ce sera demain. Je préviens mes filles que nous commencerons par leur chambre au deuxième étage. Je continuerai au premier étage où il y a la chambre de mon fils, que je lui demande de ranger. Je finirai par le rez-de-chaussée. J'attends donc la coopération de tous. Cela ne les emballe guère, mais je ne leur laisse pas le choix. Térésa est en vacances jusqu'à la rentrée, et il n'est pas question que nous laissions la maison dans cet état-là jusqu'à son retour. Le lendemain matin, nous sommes tous en tenue de combat et avons en main nos armes contre la poussière, le tartre et la graisse.

Pour nous donner du courage, je mets la musique à fond dans toute la maison et ouvre grand les fenêtres. Finalement, tous se prennent au jeu : ma fille aînée se propose même pour passer l'aspirateur dans la voiture. C'est sûr, elle en a bien besoin : elle est pleine de sable et de poussière. Alors, je ne vais certainement pas frustrer mon aînée. Ma cadette prend l'initiative de désherber un coin du jardin où nous envisageons de mettre de jolis cailloux. Quant à mon fils, il veut à tout prix ôter la poussière des escaliers. Je suis surprise, car si je souhaitais que mes enfants soient coopératifs, je n'en demandais pas tant. Mais après tout, cela fait partie de mon rôle aussi de les responsabiliser, même sur ce type de tâches. Alors, je lui confie un chiffon et le produit magique qu'il prend en main, en affichant un grand sourire. Il s'empresse d'en mettre sur chaque marche :

— Cela brillera mieux, dit-il fièrement.

Intérieurement, je me dis que nous devrons faire très attention la prochaine fois que nous prendrons l'escalier, car il risque d'être glissant tellement il brillera, mais je ne veux pas lui enlever ce plaisir. Quand il sera passé à autre chose, j'enlèverai discrètement, avec un chiffon, le surplus du produit.

De mon côté, j'entreprends de nettoyer ce que je n'ai pas l'habitude d'astiquer régulièrement, comme le dessus des meubles de cuisine : c'est inimaginable la quantité de graisse qui s'y dépose. Je ne suis d'ailleurs pas très fière de ne pas le faire plus souvent. À ma décharge, ce n'est pas tous les quatre matins que je vais prendre le risque de jouer les équilibristes sur le plan de travail, et mieux vaut ne pas penser à la chute qui pourrait faire très mal. Dans mon élan, je passe tout à la machine : les dessus-de-lit, les jetés de canapé, les plaids… À 17 heures, la maison est rangée et sent bon le propre ; le linge repassé est dans les armoires. Il ne reste plus que des vêtements sales dans le bac à linge et dans la machine, en attente d'être lavés. Enfin, bref, ma maison ressemble à une maison témoin ! Je remercie les enfants et, intérieurement, je suis bien : ma journée a été remplie, je n'ai pensé à rien d'autre si ce n'est à faire propre. J'ai même oublié de manger, mais quelle satisfaction de voir le résultat ! Cela m'a presque fait perdre de vue le verdict de la balance de ce matin. Catastrophe, j'ai pris trois kilos ! Cela me fait atteindre un poids que je n'ai pesé que lors de mes grossesses. Le choc ! Mais avec tout ce que j'ai fait aujourd'hui, peut-être ai-je perdu quelques grammes.

Juste envie de pleurer...

Je décide de me poser un peu avec un bon livre, au soleil sur la terrasse, en attendant que mon mari rentre du travail. C'est à 18 heures que j'entends sa clé tourner dans la serrure. C'était sa première journée de reprise, il doit avoir tant à me raconter, mais étonnamment, ses premières paroles sont des reproches pour avoir installé un pot devant la maison à la place des poubelles, sans admettre que c'est quand même plus accueillant. Ce sera plus sympathique d'accueillir nos invités avec un pas de porte fleuri ou tout au moins agrémenté de plantes vertes que nos trois poubelles de tri qui trônaient là jusqu'à présent. Il enchaîne avec un ustensile que j'ai mis dans le lave-vaisselle et qui risque non seulement de bloquer le lavage, mais aussi de déglinguer la machine. Puis j'ai eu droit encore à deux reproches avant de passer à table: en peu de temps, je ne suis plus rien, j'en suis réduite à être incapable de bien faire les choses.

La colère monte, les larmes aussi, mais je me tais. Il ne voit pas tout ce qui a été fait aujourd'hui dans la maison. Même les enfants n'ont pas le cœur à raconter quelle a été leur contribution. La journée a été très chouette, la soirée s'annonce plus que terne. Alors, c'est en silence que les enfants mettent le couvert, en silence que nous mangeons, et je prétexte avoir encore du repassage pour m'éclipser et regarder les agriculteurs chercher le grand amour, histoire d'essayer de penser à autre chose. Je l'avoue, j'aime cette émission: elle est fraîche, authentique et réussit à me déconnecter et à oublier, le temps de ce programme, tous les petits et grands tracas. Alors, je suis preneuse! Les enfants, un à un, viennent me rejoindre. Nous sommes quatre sur le canapé-lit, et mon mari regarde la télévision dans le séjour, tout seul sur notre grand canapé d'angle.

Je suis décidée à ne pas courber l'échine et à attendre des excuses de sa part. Ce qu'il a fait le lendemain midi. Encore heureux, car nous sommes le 15 août, il ne travaille pas et nous allons chez ma sœur pour fêter les 3 ans de ma nièce. Si ce matin est encore glacial, l'après-midi a donc été plus détendu. Je ne veux pas faire ma psychologue de bas étage, mais si nous avions connu cette même situation alors que je travaillais, je suis convaincue qu'il n'y aurait pas eu le même déséquilibre : là, c'est comme si mon mari avait toute autorité, car c'est lui qui fait vivre la famille et moi qui ne me donne pas le droit de le contredire, pour la seule raison que je suis au chômage. Certes, c'est un peu fort, mais ce jour-là, c'est comme cela que je l'ai vécu.

Faites que cela soit un cauchemar…

Mais au fond de moi, je l'avoue, j'appréhende les soirs où mon mari et les enfants vont rentrer du travail et de l'école avec chacun leur journée à raconter, alors que moi je n'aurai pas grand-chose à dire : la journée se sera écoulée comme elle aura pu. Je me mets à imaginer les soirs d'ici à la reprise de l'école où cinq minutes après être rentré, mon mari m'aura décrit sa journée. Cela ne lui prend jamais plus de temps, car il va à l'essentiel, contrairement à moi qui brode, remets dans le contexte, situe les personnages, partage mes sentiments après avoir énoncé les faits. Il me dira : « Et toi ? Quoi de neuf ? » Moi : « Rien ! » Lui : « Ben, voilà, nous nous sommes tout dit… » Il allumera la télévision sur une chaîne au hasard. Commencera alors le défilé de toutes les chaînes, dans l'espoir de trouver quelque chose d'intéressant. STOP ! Le cauchemar ! Cette vision m'angoisse tellement elle est triste et sordide.

Bientôt, tu seras de nouveau fier de moi

Jusqu'à présent, mon mari a toujours été admiratif de mon parcours, et il ne cachait pas sa fierté à chacune de mes grossesses durant lesquelles jamais je ne me suis plainte ni arrêtée. Il était même impressionné quand j'ai créé ma société tout en étant salariée, ou quand je quittais un boulot pour en commencer tout de suite un autre. Il a toujours trouvé que je menais à la baguette notre petite vie et ma carrière, jusqu'à la manière dont j'avais négocié mon dernier salaire. Puis patatras ! Aujourd'hui, plus rien de tout cela. Si, au début, il se disait confiant et me soutenait, actuellement, je me sens un peu seule : il ne s'intéresse pas aux postes auxquels je postule, ne cherche pas à savoir de quelle entreprise il s'agit, encore moins l'endroit où elle se trouve. C'est assez déstabilisant. À croire que tant que cela ne sera pas concret, cela ne vaut même pas la peine d'en parler. Mais si, aujourd'hui, je ne lui fais pas part de mes démarches, de quoi vais-je lui parler ? La seule réaction qu'il a et qui témoigne d'un début de doute, c'est quand il me dit : « Toujours pas de réponse de toutes tes candidatures ? » Je sais au fond de moi qu'il me soutient et qu'il le fera toujours, mais, à cet instant précis, ce n'est plus de la fierté que je décèle dans son regard. Et au fond de moi, j'essaie de me convaincre qu'un jour prochain, il sera de nouveau fier de moi.

Juste mon mari et moi

Les dix jours qui ont suivi ont été bien calmes. Le 15 août, le goûter chez ma sœur avec toute ma famille s'est prolongé, et nous avons dîné tous ensemble sur la terrasse. Il faisait doux, nous avions le temps : nous avions passé de bonnes vacances et les cousins étaient heureux de se retrouver et de partager leurs souvenirs d'été. Ils étaient tellement contents que nous avons laissé nos enfants dormir chez ma sœur. Comme il était prévu, ma mère les a gardés ensuite quelques jours, puis ce fut au tour de ma belle-sœur qui s'était déjà proposée. C'est ainsi que je n'ai retrouvé mon petit trio qu'une semaine avant la rentrée. Dix jours sans enfant, sans boulot… juste avec mon mari.

Cette situation nous a pris un peu au dépourvu, mon mari et moi, d'autant plus que le matin même, nous nous étions à peine dit bonjour, et nos lèvres s'étaient effleurées, par habitude ou pour respecter la règle entre mari et femme… un peu comme un devoir. Je n'en étais pas fière, mais je n'arrivais pas à digérer aussi facilement son comportement de la veille. Alors que nous revenions de chez ma sœur, j'ai essayé de combler le silence qui régnait, convaincue que s'il s'installait vraiment, il nous serait encore plus difficile d'instaurer de nouveau le dialogue. Notre discussion était certes futile, mais elle avait le mérite de poser les choses : aucun de nous ne voulait de ce silence lourd et pesant.

Je suis sûre, ou plutôt j'espère que tous les couples se retrouvent un peu perdus quand ils n'ont plus les enfants avec eux pour leur donner une contenance, un sujet de conversation. Vivre en couple s'apprend aussi à ce moment-là. Enfin, je l'espère plus que je n'en suis sûre. Mais si tel est le cas, cela me rassurerait : mon couple serait juste normal.

Voici ma théorie : le couple est là bien avant les enfants ; il partage le quotidien, les vacances, construit des projets. Puis un enfant, puis deux, puis trois débarquent dans cette vie bien tranquille. Ils accaparent le temps, l'attention, et le couple, s'il ne prend pas garde, n'existe plus ou ne vit que parce qu'il est au milieu d'un tout. Les parents ne dialoguent que pour parler des enfants et de la logistique du quotidien. Alors, ces semaines sans enfant sont l'occasion de redonner au couple sa raison d'être. Si certains en profitent pour sortir, chercher à se séduire de nouveau et à retrouver leur complicité du début, d'autres réalisent peut-être, à ce moment-là, qu'ils n'ont plus rien à partager ou qu'ils n'en ont plus envie. Le quotidien avec les enfants aura juste été un moyen de ne pas voir cette réalité et de la fuir, afin de tenir le plus longtemps possible. Chaque été, nous confions nos enfants un peu aux uns ou aux autres. Chaque fois que nous nous retrouvons seuls, cela nous semble drôle et nous sommes un peu mal à l'aise. Après un ou deux soirs, nous recréons cette notion de couple et organisons nos temps libres. Mais comme cette fois, notre relation était un peu tendue avant même le départ des enfants, les choses s'annoncent plus délicates.

Enfin, une annonce pour moi !

Alors, une fois de retour à la maison, comme il n'est pas encore trop tard, j'ai décidé de regarder un film. Mon mari a prétexté être fatigué et est monté se coucher. Demain est un autre jour : nous verrons bien si l'humeur est plus détendue.

Je me réveille et je suis toute seule dans la maison. Comme j'ai le luxe de pouvoir dormir aussi tard que je veux, j'avoue que j'en profite. En même temps, ma journée passée toute seule me semblera assez longue comme ça, alors autant l'écourter par quelques heures de sommeil en bonus. D'ailleurs, pendant ces dix jours, je ne vais pas forcément avoir d'horaire et je vais me laisser vivre. Me lever quand je n'aurai plus sommeil, me doucher quand j'en aurai envie, et manger quand j'aurai faim avec, pour impératif, ceci : être prête au retour de mon mari, pour profiter de nos soirées. En tenue sportive pour marcher en forêt, décontractée pour passer tranquillement une soirée à la maison, ou plus habillée pour sortir chez des amis ou à Paris.

Mais ce n'est pas pour autant que mon programme est décousu. La matinée, je la consacre à la recherche de boulot. De ce côté aussi, c'est calme. Il n'y a pas beaucoup d'annonces intéressantes, et celles qui le sont datent de plusieurs semaines, à croire que le monde s'est vraiment arrêté de tourner en août. Si jamais je doutais du calme de ce mois, là, j'en ai la confirmation. Mais si la théorie est facile à comprendre, la vivre en vrai est beaucoup plus compliqué. J'en suis à ma vingtième candidature, et je n'ai reçu que trois réponses : toutes négatives. Même si j'ai été dix ans responsable des ressources humaines, chaque candidature me prend finalement du temps, un peu comme si je pressentais que les recruteurs seraient plus exigeants sur le fond et sur la forme d'un CV et d'une lettre de motivation d'une ancienne consœur. Impossible d'adresser une lettre type et d'expédier l'exercice. Alors, au-delà de l'analyse de l'annonce, je vais consulter le site de l'entreprise pour y lire sa politique RH, son actualité. Je me rends sur sa page LinkedIn pour y trouver des informations complémentaires. Toute cette matière m'aide à personnaliser l'introduction de la lettre de motivation. Pour le cœur de la lettre, je décortique l'annonce, le contenu de mission et le profil recherché, pour y mettre tous les éléments de concordance avec mon parcours et ma personnalité, afin de convaincre de la pertinence de ma candidature. Seule, la conclusion reste régulièrement la même : bannie, la phrase classique du style « dans l'attente d'une réponse favorable, je reste à disposition ». Je me refuse à donner l'image de quelqu'un qui subit et attend qu'un recruteur vienne la chercher. Alors, je tente un « convaincue de répondre aux exigences du poste, je serais ravie d'échanger avec vous d'une future collaboration lors d'un entretien ». Si je n'y crois pas moi-même, comment donner envie à un recruteur de me rencontrer ? C'est ainsi qu'une lettre de motivation me prend facilement une heure. Alors, le moral en prend un coup, quand dix minutes après en avoir envoyé certaines, je reçois un mail de réponse négative. Vive la technologie qui facilite la vie des recruteurs, mais qui déshumanise la démarche ! La réponse ainsi reçue n'en est que plus violente et irrespectueuse.

Alors qu'une fois de plus, depuis mon retour de vacances, j'allais me déconnecter sans avoir trouvé une seule nouvelle offre qui me corresponde, je remarque une annonce de conseillère d'orientation et d'insertion professionnelle dans mon département, à quelques kilomètres de la maison. Elle est forcément récente, car je ne me souviens pas l'avoir déjà vue. Curieuse et un peu excitée, je clique dessus pour en savoir plus. Il s'agit d'un cabinet en solutions RH, qui recrute pour une de ses agences. Les battements de mon cœur s'accélèrent au fur et à mesure que je prends connaissance du contenu de la mission et du profil recherché. Pour une fois, le poste n'exige pas d'expérience en bilan de compétences ni d'être bilingue anglais-français : le cabinet souhaite juste une personne autonome, à l'écoute, aimant le travail en équipe avec trois ans d'expérience d'accompagnement à l'emploi. Dix ans de responsable des ressources humaines généraliste à faire du recrutement, de la formation et de la gestion de compétences équivalent bien, au moins, à trois ans d'expérience d'accompagnement à l'emploi, non ? Pour les qualités, je suis sûre d'avoir le tiercé gagnant. Alors, je tente ! Certes, le poste est en contrat à durée déterminée de six mois, mais ce serait l'occasion de faire mes premiers pas et de me former.

Il n'y a peut-être pas beaucoup d'annonces, mais finalement, il suffit d'une pour me redonner de l'espoir !

Et si nous allions en Corse ?

En général, je grignote vers 14 heures devant une bêtise à la télévision. L'après-midi, je me consacre au repassage, au rangement, au ménage du garage et à l'écriture de ce qui sera peut-être un livre. Finalement, rares sont les moments où je n'ai rien eu à faire et où je me suis posée sur la terrasse pour lire au soleil. Je n'ai même pas pensé à prendre un bain, plaisir que j'ai perdu depuis que je suis maman. J'ai toujours l'impression de perdre mon temps à buller dans une baignoire, tellement j'ai de choses à faire. Et finalement, quand j'ai le temps, je n'y pense même plus.

Mon mari essaie de rentrer de bonne heure pour que nous puissions profiter de la soirée : comme prévu, notre agenda s'est vite rempli. Le premier soir, mon mari a eu envie de reprendre la marche rapide. Le beau temps et mon envie de faire disparaître mes trois petits kilos m'ont convaincue de l'accompagner. Nous en avons profité pour échanger au sujet de notre dispute. Cela a apaisé les choses et nous sommes rentrés complètement détendus avec l'envie de jouir pleinement de ces jours rien que tous les deux. La marche rapide, ce n'est pas facile au début, mais il faut avouer qu'une heure plus tard et six kilomètres dans les jambes, cela fait du bien. Alors, nous avons décidé de marcher ensemble tous les deux jours, et ce, tout au long de l'année, soit environ vingt kilomètres par semaine et quatre-vingts par mois. Si nous arrivons à tenir le rythme, en une année nous aurons marché l'équivalent de la distance Paris-Corse ou Paris-Barcelone. Barcelone, nous connaissons, alors, ce sera plutôt la Corse ! Le programme de notre semaine : dîners chez des amis ou en amoureux sur notre terrasse, suivis d'un film que nous louons, car les programmes de cinéma ne sont décidément pas terribles. D'ailleurs, depuis que nous sommes parents, nous n'allons que très peu au cinéma. Mais étrangement, alors que nous pourrions y aller tous les soirs, il n'y a pas un seul film à notre goût !

Du côté de Pigalle...

Pour nos derniers moments à deux, j'ai envie d'une soirée à Paris avec théâtre et restaurant. J'ai donc sélectionné l'un et l'autre dans le quartier animé de Pigalle. Sortir à Paris, au mois d'août, c'est agréable : pour s'y rendre, la circulation est fluide, il y a des places pour se garer, les réductions sont nombreuses pour remplir les théâtres et les restaurants. Nous sommes arrivés en avance pour le spectacle, alors nous avons fait un tour et, pour la première fois pour moi, nous sommes entrés dans un sexshop. À plus de 40 ans, il était temps, me direz-vous ! Pour autant, je n'en ai pas forcément envie, mais la curiosité ajoutée à l'insistance de mon mari pour saisir l'occasion (c'est vrai que nous ne fréquentons habituellement pas ce quartier) m'a convaincue de pousser la porte de « Sexe à gogos ». Contrairement à ce que je pensais, les visiteurs n'ont rien de lubrique : beaucoup sont comme moi, comme nous... Alors, c'est un peu plus détendus que nous déambulons dans les allées. Si je ne suis pas surprise de trouver certains articles, je me demande à quoi peuvent bien servir certains autres. Mon mari s'amuse à jouer le professeur avec son étudiante : cela nous fait sourire et c'est sans gêne que nous ressortons, les mains vides, certes, mais encore un peu plus complices.

Le spectacle est une bonne surprise et alimente notre discussion sur le chemin qui nous mène au restaurant. J'ai réservé dans le plus ancien établissement de Montmartre : la décoration à elle seule mérite le détour. À peine le pas de porte franchi, nous sommes transportés dans une autre époque : tableaux anciens et lustres se conjuguent magnifiquement avec les meubles en bois, et savoir que ce lieu était fréquenté par des personnages célèbres comme Picasso, Van Gogh ou encore Apollinaire lui donne une dimension encore plus particulière. Quant aux assiettes, c'est un régal pour les papilles: des associations de sucré-salé à foison. Je suis conquise. Pourtant, il n'y a pas grand-monde, mais cette sérénité nous permet de discuter, de rire, et cela nous fait du bien. Comme il fait bon, nous prolongeons la soirée par une balade dans les différents coins de Paris en lien avec notre histoire: le parvis de Notre-Dame, les quais de Seine, les Champs-Élysées... pour raviver nos souvenirs, nos émotions et nos sentiments. Nous passons près du parvis de la Cathédrale de Paris où nous avions commencé à flirter, puis pas loin du pont où nous nous sommes embrassés avec fougue au début de notre histoire. J'ai l'impression que c'était hier. Pourtant, pas loin de vingt ans ont passé. Au terme de cette soirée, nous sommes ravis tous les deux d'avoir eu plaisir à partager, à être ensemble tout simplement et de nous être réellement retrouvés. Peut-être même que nous sommes rassurés, car, par moment, il faut l'avouer, le quotidien prend tellement de place, les jours s'enchaînent tellement vite que si nous appuyons sur pause dans ce tourbillon, nous pouvons avoir peur que l'essentiel ne soit plus là. Et cette soirée nous confirme que la magie de notre couple existe toujours. Le câlin qui a suivi cette nuit-là n'en a été qu'une preuve de plus.

Réveil à 7 h 30

Ce matin, nous sommes fidèles au rendez-vous sur le stade pour nos six kilomètres à pied avant de retrouver nos enfants : la maison va reprendre vie ! Dans une semaine, c'est la rentrée... Nous avons donc sept jours pour nous remettre tous dans le rythme : coucher plus tôt, lever plus tôt, et, pour que cela ne soit pas brutal, tous les ans à cette période, chaque jour les enfants se couchent quinze minutes plus tôt que la veille. À ce rythme, normalement, dimanche soir, veille de la rentrée, ils devraient être au lit à 21 heures. Je dois l'avouer, je vais m'appliquer aussi un peu ce principe, car je me connais : je vais avoir du mal à me lever à 7 h 30 lundi prochain, et ce, tous les jours, pour m'occuper de mes enfants, ou plutôt de mon fils, car les filles se gèrent assez bien toutes seules. Enfin, une fois qu'elles sont réveillées ! Depuis peu, j'entends mon mari se réveiller à 6 h 45, prendre sa douche, boire son café et partir une heure plus tard, mais je reste au chaud, j'essaie même de me rendormir, j'y parviens parfois et me lève un peu avant 9 heures. Autant dire que j'ai encore des efforts à faire pour être debout à 7 h 30 !

Bientôt la rentrée...

La semaine passe vite : tri des vêtements des enfants, shopping pour renouveler un peu leur armoire, achèvement des cahiers de vacances pour se remettre dans le bain, sorties avec les copains-copines pour se raconter les vacances avant la rentrée, tournée chez le coiffeur pour mes loulous, rendez-vous chez le médecin pour les certificats et mise à jour des vaccins. La météo est capricieuse, un peu comme si même le temps nous rappelle que les vacances sont bel et bien finies. Durant cette semaine, je réponds de nouveau à cinq annonces et contacte le centre de formation pour celle validée par Pôle Emploi. Bonne nouvelle pour cette rentrée, j'ai bien de la place pour la session de septembre. Je suis ravie, car je vais pouvoir avancer dans mon projet, m'alimenter intellectuellement, m'outiller, rencontrer d'autres personnes et partager des expériences. Et au moins, j'ai une échéance pour la rentrée : je ne démarre pas septembre avec le stress de la page blanche. J'ai hâte d'être la semaine prochaine et, en même temps, cela m'angoisse. J'ai hâte, car j'ai bon espoir que les choses bougent avec la rentrée, que mes candidatures trouvent enfin de l'écho. J'espère avoir un ou plusieurs retours, positifs, si possible, et cela m'angoisse, car si ce n'est pas le cas, je n'aurai pas d'autre excuse. Il faudra juste que j'accepte de me dire que je n'ai pas le bon profil, que mon parcours n'est pas intéressant ou que je n'ai pas approché les bons postes. Car s'il y a bien un mois où cela doit bouger, c'est septembre.

Souriez, c'est la rentrée !

Ça y est, c'est le grand jour ! Finalement, pas de problème pour se lever aujourd'hui : les filles sont debout pour accompagner leur frère pour sa rentrée. Mais ce matin, bizarrement, j'ai un nœud dans l'estomac : c'est la rentrée, mais ce n'est pas la mienne ! Je vais juste accompagner mon fils, rentrer à la maison… et y rester la majeure partie de la journée. Cela me perturbe, car je crains que le temps me semble long.

Mon fils, quant à lui, est tout content de retrouver ses copains. Les parents n'ont pas le droit de rentrer dans la cour de l'école, alors, finalement, c'est très rapide. De ce fait, cette rentrée est un jour comme les autres, où je laisse mon loulou au portail. En revanche, il y a beaucoup plus de parents. Comme j'ai le temps, je prends plaisir à discuter avec les uns et les autres. Beaucoup sont mes voisins. Nous parlons de nos vacances, de la rentrée, et inévitablement, la discussion tombe sur ma situation de chômeuse.

— Au moins, tu as pu profiter de tes enfants cet été… C'est plutôt sympa de rester à la maison à cette période ! Et sinon, du nouveau ?

— Oui, j'ai un projet de reconversion, je commence une formation dans quinze jours et j'espère, avec la rentrée, avoir des retours pour mes candidatures. Peut-être qu'il y aura plus d'offres aussi…

— C'est sûr, avec la rentrée, l'activité va reprendre ! C'est génial de vouloir faire autre chose et de s'en donner les moyens. De toute façon, je ne m'inquiète pas pour toi, tu devrais trouver rapidement.

J'ai beau être plutôt confiante effectivement, même si j'ai encore quelques coups de mou, j'ai souvent l'impression que les autres le sont encore plus que moi. Je crois même déceler chez certains comme de l'envie d'être dans cette phase excitante de changer de voie, de prendre un nouveau départ.

Mes filles sont plutôt détendues à quelques heures de se rendre au collège. En même temps, la semaine dernière, elles ont déjà eu beaucoup d'informations quant à leur rentrée : leur classe, leurs professeurs et leur emploi du temps. La seule inconnue est l'identité de leur professeur principal. Pour l'une, la rentrée se fait cet après-midi, pour l'autre, demain après-midi, et les premiers cours ne commencent que mercredi. Elles sont contentes, car elles retrouvent leurs copines. Ce qui est drôle, c'est que mon aînée retrouve des filles avec qui elle était en deuxième année de maternelle. Ma cadette sera dans une classe avec des germanistes : elle peut espérer que le niveau sera un peu meilleur. L'année scolaire s'annonce sous les meilleurs auspices. C'est déjà ça !

Bonjour, madame.
Je vous appelle suite à votre candidature

Et les bonnes nouvelles ne s'arrêtent pas là. Ce matin, pour la première fois, je suis contactée en réponse à une candidature. D'ailleurs, tellement surprise par ce numéro qui s'affiche et que je ne reconnais pas, je laisse le répondeur s'enclencher. Je n'ai jamais été fan du téléphone portable. Bien souvent au fond de mon sac, sur vibreur, ma famille et mes amis n'ont que très rarement la chance que je leur réponde directement. Depuis que je suis au chômage, je le garde toujours sur moi, « au cas où ». C'est assez paradoxal : si mon téléphone est mon allié dans le cadre de ma recherche d'emploi, il me fait peur aussi. Je m'abstiens souvent de répondre, ne sachant pas qui m'appelle : je ne veux pas prendre le risque de chercher mes mots si jamais c'est un recruteur au bout du fil. Avec pas loin de trente candidatures, je risque de m'embrouiller. Alors, j'ai décidé de ne jamais décrocher et de rappeler après avoir écouté le message, repris mes notes, relu l'annonce et ma lettre de motivation. Bon, jusqu'à présent, les messages que j'écoutais, c'était du style :

— Bonjour, madame, je vous appelle suite à votre annonce pour le bateau pirate… votre vélo elliptique… est-il toujours en vente ?

Alors, c'est avec beaucoup d'excitation et en même temps de stress que j'écoute ma messagerie ce lundi 4 septembre. Je suis contactée pour le poste de conseillère d'orientation et d'insertion professionnelle. Excitée, car c'est le poste qui me colle à la peau, je rappelle. La responsable du recrutement m'interroge sur mon parcours et sur les raisons pour lesquelles, après tant d'années à un poste de responsable, je me repositionne comme simple conseillère. C'est sûr que, vue comme cela, ma candidature peut surprendre. Alors, je lui parle du sens et de la satisfaction personnelle dont j'ai besoin au quotidien pour avancer professionnellement. Elle m'alerte sur le volume de personnes que j'aurai à accompagner. Ce à quoi je réponds que, en tant que responsable RH, j'étais chargée de suivre pas loin de deux cents personnes. Enfin, elle m'interroge sur mes motivations à intégrer le groupe. J'argumente qu'au-delà du poste proposé, c'est aussi la dimension du groupe qui m'attire, car elle laisse présager des opportunités de développement de carrière. Avant de conclure, elle fait une mise au point sur la partie rémunération et cherche à comprendre pourquoi j'accepterais une telle différence par rapport à mon ancien salaire. J'explique qu'à l'heure actuelle je suis demandeuse d'emploi avec des allocations chômage et que je préfère travailler et me former sur un métier qui m'anime, le niveau de rémunération n'étant pas mon principal moteur pour le moment. Après trente minutes d'échange, la responsable du recrutement m'informe que je serai rappelée par la responsable d'agence sous une quinzaine de jours et que si tel n'est pas le cas, elle me demande de ne pas hésiter à la solliciter. Je suis ravie ! Certes, ce serait un contrat à durée déterminée avec un salaire inférieur à mes allocations chômage, mais si j'ai répondu à ce poste, c'est pour faire mes premiers pas dans l'accompagnement, faire mes armes, me former et prendre des contacts dans ce milieu. Cela peut donc m'apporter beaucoup plus que le simple salaire, et mieux vaut apprendre d'une nouvelle expérience que rester à la maison. Enfin bref, je prends cela comme une formation sur le terrain, que je ne paie pas, tout en étant rémunérée. J'espère être rappelée rapidement. Le bonus : le poste est basé à côté de la maison !

Et si j'allais chez Tony ?

À la suite de cet entretien téléphonique, il devient urgent pour moi d'aller chez le coiffeur, car, avec mes cheveux décolorés, longs, sans peps, abîmés par le soleil et la mer, en plus de mes racines qui font apparaître des cheveux blancs, je suis loin d'être à mon avantage. Finalement, je décide d'aller chez mon coiffeur habituel, car le tarif à moindre coût trouvé sur Internet n'est valable que pour une coupe et les racines, alors que pour une fois, j'ai en tête de changer pas mal de choses. Le coiffeur pas cher, ce sera donc pour la prochaine fois. Aussi, direction Tony, mon coiffeur attitré. J'en suis toujours contente. Mais cette fois, j'envisage un changement assez radical : revenir à ma couleur d'origine !

C'est peut-être anodin, mais en l'écrivant, je réalise que décider de retrouver ma couleur est comme un signe de plus en lien avec ma démarche d'être sur mon chemin de vie, d'être alignée avec moi-même, mes valeurs, ma personnalité, ce que je dégage et ce qui me fait vibrer au fond de moi. Ainsi, je serai alignée jusqu'au bout des cheveux ! Depuis le début d'année, cela fera ma troisième couleur : je l'ai commencée rousse, puis avant l'été, je suis devenue blonde, en sachant que ma couleur de base est châtain foncé. Un peu comme si je m'étais cherchée aussi en matière de coiffure. L'autre changement est de me les faire couper plus court que d'habitude. Dans deux heures environ, je devrais ressortir complètement transformée. Mon aînée a souhaité m'accompagner pour assister à la transformation et en être le premier témoin.

Au bout d'un peu plus d'une heure et demie, je ressors ravie : cette coupe me donne du peps et un style plus moderne. Ma fille valide, même si elle avoue que cela lui fait tout drôle de me voir comme ça et qu'il va falloir s'habituer. En rentrant à la maison, je me regarde dans la glace et je souris. J'aime bien la femme que je vois dans le miroir, et j'espère que, bientôt, un recruteur aura envie de celle-ci pour nouvelle collaboratrice. À moi les entretiens ! Le seul hic est que je ne rentre plus vraiment dans mes vêtements, tout au moins dans ceux que je pourrais envisager de mettre pour un entretien. J'espère que d'ici là, j'aurais perdu du poids. Mais sur ce point-là, c'est statu quo. Pourtant, je marche, et ce, quasiment tous les jours, tellement je suis motivée. J'ai fait soixante-cinq kilomètres depuis le 16 août. Cela me fait du bien, me vide la tête et m'occupe. De là à penser que je perds du gras pour prendre du muscle… Sur la balance, cela ne change rien. Avec les enfants à l'école, je mangerai moins à midi. Cela fera peut-être la différence.

Silence radio

La semaine me semble longue. Ce coup de fil qui, à la base, était une bonne nouvelle a transformé mes journées en supplice. Elles s'enchaînent sans que la fameuse responsable me rappelle. Alors, je me mets à tourner en rond et à surfer beaucoup sur Internet. Puis, un jour, je tombe sur une vidéoconférence d'une coach de carrières au Canada qui présente comment faire un bon CV et comment utiliser LinkedIn. Si sur le premier point, je pense ne pas avoir grand-chose à apprendre, sur le deuxième, j'avoue être curieuse et friande de conseils. Bien m'en a pris, car cette coach est passionnante. Parfois, ses remarques me bousculent un peu, mais c'est bien de se mettre à la page des dernières tendances et attentes des recruteurs. C'est ainsi que j'entends parler pour la première fois du CV par compétences : à la différence du CV classique, il reprend en amont une synthèse des compétences que le candidat souhaite mettre à disposition de son futur employeur. Il facilite ainsi sa lecture pour un recruteur qui n'a que 30 secondes pour l'analyser. L'objectif de ce CV est de démontrer dès la première partie l'adéquation entre le profil recherché et les compétences du candidat. La coach précise que, dans le cas d'une reconversion, le CV par compétences est encore plus pertinent, car bien souvent le parcours en amont du changement de cap n'est pas toujours en lien avec le métier nouvellement projeté. Alors, il appartient au candidat de démontrer que, malgré tout, il a des compétences transférables, à savoir des compétences acquises qui pourront être utilisées dans le cadre du nouveau projet. Au terme de la conférence, je regarde mon CV : il est rédigé sous la forme classique par expériences, et je réalise qu'un recruteur peut rester perplexe de voir, sans autre préambule, une responsable des ressources humaines avec dix ans d'expérience postuler pour un poste de conseillère-emploi.

Alors, dans la foulée, j'entreprends d'apporter les modifications sur mon CV et d'en créer un nouveau, par compétences. Pas si simple, et en même temps l'exercice est stimulant et me prépare à l'entretien, car il m'aide à mettre en relief les compétences déjà acquises pour un métier dans l'accompagnement. Cette synthèse visuelle me facilitera mon argumentaire en entretien, pour convaincre de la pertinence de mon parcours et de ma candidature. Ensuite, je me lance sur ma présentation via mon profil LinkedIn : en quelques lignes, je dois expliquer qui je suis et quel est mon champ d'expertise, en utilisant un maximum de mots clés pour aider au référencement de mon profil. Je personnalise d'ailleurs le lien de mon profil LinkedIn avec quelques-uns de ces mots clés et l'indique sur mon CV. Une fois ce dernier finalisé, il me faut mettre à jour tous mes comptes sur les différentes plateformes de recherches d'emploi. Intérieurement, je me dis que c'est peut-être aussi pour cette raison que les choses n'ont pas beaucoup bougé jusqu'à présent et pas juste parce que c'était l'été. Comme quoi, il faut sans cesse être curieux et ne pas croire ses compétences acquises, car les choses évoluent à toute vitesse de nos jours.

Les jours s'enchaînent et toujours pas de nouvelle... Alors, je me mets à élargir mon champ de recherche. Je m'intéresse de nouveau aux postes de responsable des ressources humaines généralistes, poste que j'occupais jusqu'à présent. Le moral n'est pas au top, mais je me force à répondre à des annonces. Mon profil correspond quasiment point par point à ce qui est demandé, le champ d'actions et de responsabilités est le même que celui que j'occupais. Alors, j'essaie de me convaincre que je pourrai m'y épanouir et je postule. Et pour le coup, les réponses ne tardent pas à tomber : « Nous vous remercions pour l'intérêt que vous portez à notre enseigne ainsi que la confiance que vous nous témoignez. Malheureusement, après étude de votre candidature, nous ne pouvons y donner une suite favorable. Nous vous souhaitons une pleine réussite dans vos projets. »

Au moins, les choses sont claires : même avec seulement deux réponses négatives, ma fierté en prend un coup. Mais c'est comme si la vie se chargeait de me dire de ne pas dévier de trajectoire, qu'il me faut tenir le cap de mon objectif, même si cela peut prendre plus de temps. Alors, même s'il est inconfortable de se lancer sur une nouvelle voie et qu'il paraît plus simple de rester en territoire connu, je ne dois pas quitter ce nouveau chemin professionnel que je commence à construire.

C'est l'heure du thé

Les jours semblent s'étirer et les heures ne plus tourner… Alors, mon petit moment de bonheur de chaque jour, c'est l'heure du thé. Un nouveau plaisir, car jusqu'à présent, je n'étais pas une adepte. Mais ce nouveau rituel m'apaise : faire bouillir de l'eau, choisir la saveur du jour, laisser le thé infuser, le servir dans une belle tasse, y ajouter un sucre, prendre une cuillère, la tourner jusqu'à ce que le sucre ait fondu, le laisser refroidir un peu… chaque étape possède sa magie. Le tout, en musique. Si le temps le permet, je m'installe sur la terrasse pour sentir la chaleur des rayons du soleil en cette fin d'été et j'observe mon jardin, la nature, les nuages et les avions dans le ciel, les oiseaux dans les arbres et ceux qui s'aventurent à quelques pas de moi, les feuilles qui changent de couleur, tombent. S'il fait plus frais, je me mets sur le canapé avec un plaid et apprécie mon intérieur, son confort, ses teintes, le mobilier… et les aiguilles finissent par tourner. Je retrouve une certaine sérénité et me sens mieux.

Cette nuit, j'ai rêvé que j'accouchais

Le 11 septembre, j'ai décidé de ne plus subir le temps qui passe, mais de le vivre pleinement. Ma formation est dans dix jours. Aussi, je décide d'attendre début octobre pour entreprendre de nouvelles démarches : il me reste donc une dizaine de jours à attendre, mais finalement aussi dix jours encore à profiter, n'est-ce pas ? Je me mets à apprécier le temps qui passe et à marcher quasiment tous les jours : j'en suis à quatre-vingt-dix kilomètres. Même si j'essaie de ne pas y penser, tous les matins, je me lève en me disant que c'est peut-être le jour où je vais être rappelée, et tous les soirs, force est de constater que je ne l'ai pas été. Spontanément, j'avais cru que l'entretien téléphonique s'était bien passé, mais finalement, peut-être n'était-ce pas le cas. Et si la personne m'avait dit que j'allais être rappelée juste parce qu'elle n'avait pas eu le courage de m'annoncer que finalement mon profil ne convenait pas ? Cette attente devient pesante. Aussi, je décide de prendre les choses en main. Ma décision de ne plus subir est aussi celle d'agir. Le 14 septembre, je contacte la personne avec laquelle je m'étais entretenue pour le poste de conseillère. Celle-ci s'excuse que personne ne m'a rappelée. Le lendemain, la fameuse responsable d'agence me contacte alors que je fais mes cinq kilomètres. Elle me donne rendez-vous dans quatre jours, le mardi 19 septembre, la veille de mon début de formation.

En attendant, je prends le temps de relire tout ce que j'ai déjà écrit depuis trois mois, soit quatre-vingt-dix pages… et j'ai une révélation ! Puisque je rêve de trouver un poste où j'accompagnerai les gens dans leur cheminement afin de trouver leur voie professionnelle et que, pour cela, la vie me montrait qu'il me fallait encore patienter, pourquoi ne partagerais-je pas tout ce que j'avais écrit ? Si cela m'avait fait du bien de mettre sur papier tout ce que j'avais vécu et ressenti dès la première minute à l'annonce de ma perte d'emploi, je pourrais, d'une autre manière, accompagner des personnes dans la même situation que moi. Cela leur ferait peut-être du bien de me lire, de se rendre compte qu'elles ne sont pas seules, et que si la vie nous met ce qui nous semble des barrages sur notre chemin et nous impose des phases de grands doutes, c'est peut-être parce que nous avons quelque chose d'autre à vivre, quelque chose qui nous ressemble, quelque chose de plus authentique. Il faut juste poser un autre regard. Et là, je repense à mes grands-mères !

Cette nuit, j'ai rêvé pour la énième fois que j'accouchais. Chaque fois, je me réveille avant d'avoir mis au monde ce que je crois être un bébé. Dans mon rêve, je ressens toutes les douleurs de l'accouchement, mes proches sont à mes côtés. Je suis heureuse, car je sais que c'est ce que j'attends depuis un moment, mais jamais je ne vois ce que je porte depuis neuf mois. Alors, ce matin, je cherche l'interprétation de ce rêve récurrent depuis quelques mois. De tous les sens donnés à ce rêve, voici celui qui, je crois, me correspond : il s'agit de l'interprétation ésotérique (selon Nostradamus). Dans cette approche, rêver d'accouchement serait signe de la naissance d'une nouvelle vie, d'une nécessité de changement et d'une délivrance qui se confirme… et cela fait forcément écho en moi.

Aujourd’hui, j’ai marché sous la pluie et j’ai pleuré

Dimanche 17 septembre, le temps n’est pas très engageant, mais j’ai besoin d’aller marcher. Toutes ces idées qui bouillonnent dans ma tête : mon entretien dans deux jours, mon envie de changement, mon livre que je rêve de partager, l’impression d’y voir enfin clair, d’avoir tout entre les mains et « qu’il n’y a plus qu’à ».

Un peu comme si j’avais passé trois mois à marcher en montagne : j’entame la randonnée en visant le sommet, je ne sais pas encore quel chemin prendre, mais j’avance, un pas après l’autre. Par moments, le souffle me manque. J’ai besoin de faire une pause, j’en profite pour boire : en fonction de l’humeur, j’admire le panorama et réalise le chemin parcouru ou je regarde, désespérée, celui qu’il me reste à faire. Mon corps me dit qu’il a mal. Si je décide de l’écouter, je ne sais pas si je pourrai repartir, alors, je lui dis : « Sois fort, encore un peu… » Il m’arrive d’avancer, mais de ne plus voir le point d’arrivée, de croire que je suis bientôt au sommet. Et finalement, le chemin est encore long…

Mais aujourd’hui, j’ai l’impression d’être quasiment au sommet. Bientôt, je n’aurai plus qu’à décider quand m’élancer dans la descente ! Si en montant, j’en ai rêvé souvent de cette descente, une fois au sommet, je sais que j’aurai aussi envie de profiter de la vue, de savourer ma victoire. Mais il ne sera pas possible de rester plus que de raison tout en haut. Même s’il n’est pourtant pas si évident de lâcher prise et de laisser la pente décider de mon chemin…

Alors, aujourd’hui, cette marche me libère. Je suis tellement absorbée que je n’ai pas vu les gouttes de pluie tacheter le trottoir. La pluie me sort de mes pensées et me reconnecte avec la musique qui m'accompagne chaque fois que je marche. Une jolie mélodie s'élève, je ne la connais pas… Je monte le son et les paroles me figent sur place. Il s'agit de « La Beauté du doute » de Florent Pagny.

« Ne me demande pas,
Où se trouve le droit chemin
Même si chacun a le sien,
Personne ne connaît sa route
Et c'est la beauté du doute
Si tu perds un combat,
Donne à ta vie d'autres chances
Personne ne connaît d'avance
Tous les parfums que l'on goûte
Et c'est la beauté du doute. »

Ces mots me touchent en plein cœur, tellement ils sont à l'image de ce que je suis en train de vivre et de réaliser : combien il est beau de douter… Mes yeux s'humidifient. Les personnes que je croise peuvent penser que ce sont des gouttes de pluie, mais ce sont des larmes de joie. Cette chanson m'apparaît comme un nouveau signe : il ne me reste plus qu'à vivre pleinement la descente !

Naissance du blog

J'y vois là l'impulsion que j'attendais : partager avec le plus grand nombre ce que j'ai écrit pour être délivrée et livrer mon message comme un cadeau ! Il y a urgence, car je sens qu'à l'intérieur, cela bouillonne et menace d'exploser... Écrire ne me suffit plus. J'ai besoin de ne plus me sentir seule. J'ai beau savoir que nous sommes des millions au chômage, en attendant, je me suis rapidement sentie isolée, plus ou moins perdue dans les méandres de Pôle Emploi, dans le tourbillon des sites d'offres d'emploi devant mon écran d'ordinateur et devant le champ des possibles de la reconversion. Tout ceci serait à explorer davantage. Le partage des expériences, des subtilités du système ou tout simplement celui des émotions serait tellement bénéfique qu'il est dommage que chacun vive cette tranche de vie en solitaire. Mais il est clair qu'il est plus facile de s'écarter du monde que d'affronter les regards. Quand le chômage nous tombe dessus, nous sommes convaincus que le regard des autres va changer, comme si c'était une maladie contagieuse. Alors la fuite et l'isolement semblent le chemin le plus simple à suivre. Mais ce n'est pas le regard des autres qui change, car, de nos jours, qui n'a pas dans son entourage quelqu'un qui est au chômage ? D'ailleurs, qui peut être sûr de ne jamais être lui-même au chômage ? Il y a tellement d'entreprises en difficulté qui licencient, tellement d'entreprises qui déménagent et que les employés fidèles ne peuvent pas suivre. Qui peut être certain de ne jamais croiser un manager tyrannique et sans scrupule qui vous poussera à bout, ou un autre qui vous ignorera au quotidien, au point de vous demander si c'est de la maladresse ou du mépris ? Ce qui est sûr, c'est que ce manager vous amènera certainement à frapper un jour à la porte de son bureau pour négocier au mieux votre départ.

Non, ce ne sont définitivement pas les autres qui changent de regard en premier, mais bien vous-mêmes. Ce que les autres voient, ce n'est finalement que le reflet de l'image que nous avons de nous-mêmes dans cette épreuve. Le chômage déstabilise, fait perdre pied, car il enlève l'image sociale de l'individu, rattachée trop souvent au travail et à la profession. Si cela peut faire perdre la confiance en soi, cela peut aussi briser l'estime de soi, et c'est en cela qu'il est plus difficile de remonter la pente : ne plus se connaître, ne plus s'aimer et ne plus croire en sa valeur rend le chemin beaucoup plus tortueux. Certains ont besoin de se retrouver en s'isolant et puisent la force en eux. D'autres, au contraire, ont besoin d'aide et de soutien pour se donner de nouveau de la valeur. L'estime de soi est ce qu'il y a de plus important pour construire le reste de notre chemin : la retrouver prend du temps et chaque jour compte. Chaque jour nous envoie des signes. Encore faut-il les voir et, pour ce faire, il faut prendre le temps. Et cela, ce n'est pas à la portée de tout le monde. Pour certains, comme moi, cela s'apprend. Mais cela vaut le coup, car voir et comprendre ces signes nous aide naturellement chaque jour à nous mettre un peu plus sur le bon chemin, notre chemin !

Très naturellement, je pense alors à créer un blog. Son nom m'apparaît comme une évidence : « Offre-toi le présent en cadeau, demain n'en sera que meilleur ! » Il est à l'image de cette période où j'ai puisé, dans le présent et dans chacune de mes journées, la force et la motivation pour croire à des jours meilleurs. J'ai essayé de m'inscrire dans le présent, de le vivre, afin de profiter de tout ce qu'il apporte. S'offrir le présent peut sembler à la portée de tous, mais dans notre rythme de vie, où il faut aller toujours plus vite, où l'on court après le temps, où il faudrait avoir fait les choses pour hier, s'arrêter un moment, arrêter de penser et regarder autour de soi la beauté de ce qui nous entoure, tout cela nécessite un sacré effort. Mais se nourrir du présent nous rend plus forts : l'importance de s'ancrer dans le présent est primordiale. Comme un arbre avec ses racines, en prenant soin de notre ancrage, nous consolidons nos racines ; elles sont ainsi plus stables et, par conséquent, nous ne pouvons que mieux grandir !

C'est ainsi que je tape sur Google « créer un blog » et que je me connecte à une plateforme, Canalblog. Je ne pensais pas que cela était aussi simple. Je découvre le back-office du blog : je peux rédiger des posts, y associer un titre et joindre une image pour que le visuel du blog soit plus agréable. Chaque fois que je finalise un message, je le visualise tel qu'un visiteur le fera. La simultanéité est amusante. Je pourrai être en connexion immédiate avec mes « followers ». J'ai accès d'ailleurs à de nombreuses informations quant à leur passage sur mon blog : je peux savoir à quelle heure ils se connectent, quels messages ils ont lus, combien de temps ils y ont passé, depuis quel pays ils se connectent. Je peux même les tracer avec leur adresse IP et voir où ils habitent. Je peux aussi rédiger à l'avance différents messages et paramétrer la date de leur diffusion. Quel serait le bon rythme ? Un post par jour ? À des heures différentes ou à la même heure comme pour donner rendez-vous à mes lecteurs ? Pour ce qui est du contenu de mes messages, je décide de partager mon histoire depuis le jour où mon patron a mis fin à ma période d'essai. C'est ainsi que j'écris mes premiers messages et raconte mes premières journées sans emploi. Chaque jour, ce sera un message publié à 20 heures ! Un message d'une dizaine de lignes pour partager une émotion, un événement ou pour délivrer une information. Ne pas faire un roman, mais donner assez d'éléments pour que le lecteur apprenne à me connaître, puisse éventuellement se reconnaître et ait envie de me suivre. Ce qui m'amuse aussi, c'est de trouver un titre accrocheur et la photo qui mettra en image le message voulu : c'est comme un défi !

Je mets dans la confidence une vingtaine de personnes en qui j'ai confiance et dont je connais la bienveillance... et je compte sur Internet pour faire le reste ! Mon entourage me félicite et me dit combien il est agréable de lire les petits billets d'humeur de mon quotidien.

Au bout d'une semaine, deux cents personnes sont venues sur mon blog, mes messages ont été lus mille fois. Je reçois des commentaires chaleureux, des encouragements à continuer, car mes mots touchent. Tous les jours, je partage un peu de moi : quel bonheur d'être accompagnée au quotidien par mes lecteurs ! Je ne suis plus seule et, pour le coup, les jours me semblent trop courts pour avoir le temps de partager tout ce que je souhaite. Chaque jour, je me réjouis de ce rendez-vous quotidien avec mes lecteurs.

Quand arrive ma formation, je suis même ennuyée de ne pas pouvoir maintenir ce lien. Celle-ci dure quinze jours et il va m'être difficile d'être au rendez-vous chaque soir. Alors, afin que mes lecteurs ne se sentent pas abandonnés, je programme mes diffusions à l'avance. Quel bonheur, chaque soir, de lire les commentaires, d'y répondre, de voir que certains de mes lecteurs me lisent le matin avant de commencer leur journée, tandis que d'autres préfèrent le faire avant de dormir. Certains se connectent même la nuit, de France, mais aussi de l'autre bout du monde !

Mon premier entretien d'embauche !

Le 19 septembre, veille de ma formation, je me rends à l'entretien pour le poste tant désiré : j'ai rendez-vous à 14 heures à l'agence où je serai amenée à travailler si je suis engagée, soit à cinq kilomètres de chez moi. Même si je n'en ai que pour dix minutes en voiture, c'est à 13 h 15 que je quitte mon domicile. Quelques heures auparavant, je me postais devant ma glace pour voir si la tenue choisie m'allait bien malgré les quelques kilos en plus dont je ne m'étais toujours pas débarrassée. Finalement, la raison l'a emportée et je n'ai rien acheté de nouveau. Pas de budget pour faire les magasins de fringues. Avec tous les vêtements dans mon placard, ce serait un comble de ne pas trouver de quoi m'habiller, certes un peu mieux que pour le quotidien, mais avec la chaleur du jour, il n'était pas question de me mettre mal à l'aise avec un tailleur, et encore moins avec un tailleur-pantalon. Alors, c'est vêtue d'un pantalon rose pour s'accorder avec la luminosité de cette journée et d'un chemisier couleur crème pour le côté habillé que je quitte la maison avec, sous le bras, mon sac à main dans lequel j'ai glissé une pochette avec l'annonce et mon fameux CV par compétences.

Une fois dans la voiture, je saisis l'adresse de l'agence dans l'application de mon téléphone. Arrivée prévue sur site : 13 h 25 ! Je me mets à rêver de travailler à dix minutes de chez moi : quel bonheur, ce serait ! Mais arrivée à proximité de l'agence, l'application commence à me jouer des tours. Je dois faire demi-tour, tourner à droite et je me retrouve dans une résidence pavillonnaire. Étant donné l'heure et la chaleur, pas un passant à qui je peux demander mon chemin. Je n'avais pas pensé à cela ; je m'en veux de ne pas avoir fait le trajet avant pour localiser le lieu du rendez-vous. Partant de l'idée que ce n'était pas loin de la maison, un peu comme si je jouais à domicile, je n'avais pas cru utile de prendre cette précaution. Mais là, je me trouve bien bête d'un coup : je ne peux pas me permettre d'arriver en retard à un entretien d'embauche... à mon premier entretien d'embauche ! Ce n'est pas comme si j'en avais plein d'autres de programmés les jours suivants. La pression monte, la chaleur n'aide pas et je commence à paniquer !

Mais le fait de n'avoir justement que cet entretien d'embauche m'oblige à me raisonner et reprendre mon sang-froid : je regarde le plan sur mon téléphone, le nom des rues autour de moi et finis par me situer. Il est 13 h 50 et je dois reprendre la voiture. C'est à 14 heures que je me gare devant le portail d'une petite maison sur lequel une plaque m'indique que je suis au bon endroit. Je sonne, et c'est à la fois fébrile et même un peu en nage, mais surtout excitée et déterminée à prouver que ce poste est pour moi, que je me présente, un grand sourire aux lèvres. Il fait beau, la journée ne peut être que belle !

Une personne m'accueille et m'invite à patienter dans la salle principale ; la responsable ne va pas tarder à arriver. Je dois avouer que ces quelques minutes me permettent de me remettre de mon petit marathon en plein soleil et d'observer les lieux. L'agence se situe dans une maison, ce qui était assez surprenant, mais finalement bien sympathique par ce beau temps. Il y a un jardin avec une terrasse et de quoi se poser pour la pause-déjeuner. Certes, il mérite un petit entretien, mais il pourrait être bien agréable pour les jours de beau temps comme aujourd'hui ; la baie vitrée est pleine de traces et avec ce soleil, pas besoin d'avoir l'œil d'une experte pour dire que ces carreaux n'ont pas été faits depuis longtemps. Alors que je suis plongée dans ces considérations de ménagère, la responsable vient à ma rencontre pour me saluer et m'inviter à la suivre à l'étage.

Deux heures plus tard, c'est toujours avec un grand sourire que je salue la responsable d'agence, convaincue que mon discours a fait mouche et qu'elle ne peut pas ne pas avoir senti ma forte motivation. Elle s'engage à revenir vers moi d'ici la fin de semaine. Je n'en reviens pas qu'il soit plus de 16 heures ; je n'ai pas vu le temps passer et la responsable semble avoir été surprise de voir qu'il était si tard. Plutôt bon signe ! Durant tout l'entretien, j'étais à l'aise et mes réponses m'ont paru percutantes. Les questions étaient assez classiques ; l'objectif était clairement le partage, et c'est ainsi que j'ai répondu avec mes tripes. Quand elle m'a demandé : « Qu'attendez-vous de votre responsable ? », ma réponse ne s'est pas fait attendre : « En trois mots, je vous répondrais : autonomie, confiance et communication. » En disant cela, je me suis mise à penser : trois petits mots qui ont fait défaut dans ma relation avec mes deux derniers patrons, mais dont l'absence a eu de lourdes conséquences. Je ne veux plus revivre cela.

Alors que je pensais l'entretien fini, elle l'a clôturé avec la question suivante : « Pourquoi vous, et pas un autre candidat ? » Je me suis alors sentie comme transportée, et j'ai retracé tout mon questionnement quant à ma projection professionnelle, au sens que je voulais donner à mon quotidien, tout ce qui faisait qu'aujourd'hui, j'étais convaincue que ce métier allait m'apporter un épanouissement professionnel, mais aussi personnel. Cette nouvelle trajectoire m'animait au plus profond de moi ; c'est ce qui allait me donner l'énergie, l'enthousiasme et la pugnacité d'y arriver, c'est ce qui faisait que les concessions en matière de salaire et de statut me semblaient mineures si c'était pour être à ma place. Si elle me donnait ma chance, elle pouvait compter sur mon investissement pour être au rendez-vous des exigences du poste. À la voir acquiescer, j'ai su que mon discours avait eu l'écho espéré, mais cela était sans stratégie. Il y avait juste une envie de « parler-vrai », car si la réponse était positive, c'est elle qui m'accompagnerait lors de mes premiers pas dans ce métier. Il était important qu'elle comprenne l'enjeu pour moi de cette nouvelle étape. Restait à attendre la fin de semaine pour savoir si nous allions réellement travailler ensemble.

Enfin, ma formation !

Le lendemain, j'aborde donc ma formation avec le sentiment que j'ai de grandes chances de pouvoir mettre en application plus tôt que prévu tout ce que je vais y apprendre. La formation se déroule à Paris dans le XXe arrondissement, un quartier que je ne connais pas. Même si je dois y être à 9 heures, je fais en sorte d'arriver vers 8 h 30, afin de pallier les aléas des transports, mais aussi mon sens de l'orientation qui pourrait me jouer des tours. Alors que j'approche du site, je croise de nombreux parents qui accompagnent leurs enfants à l'école. En ce qui me concerne, mon mari et mes filles vont prendre le relais chacun à leur tour en fonction de leur emploi du temps pour s'occuper de mon loulou. C'est cela aussi la famille : tous soudés et solidaires ! C'est donc avec une demi-heure d'avance que j'entre dans la salle de formation. Le formateur est déjà là pour installer le matériel. Il prend le temps de m'accueillir et nous échangeons quelques mots. Bizarrement, physiquement, il me fait penser à Stéphane Plaza, et cela me rassure, car je me dis que nous allons bien rire. Il m'invite à profiter du petit déjeuner qui est offert : café, croissants, jus d'orange… de quoi compenser le fait que je n'ai pas eu le temps de prendre le mien avant de quitter la maison : faut dire que j'avais aussi l'estomac un peu noué à l'idée de commencer cette formation.

Certes, je l'ai voulue, je l'ai attendue, mais ce matin, je n'en menais pas large, et de nombreuses questions tournaient dans ma tête. Avec qui allais-je me retrouver ? Des personnes novices en reconversion comme moi, ou des professionnels du métier en quête d'une nouvelle méthode d'accompagnement ? Y aurait-il des jeux de rôles ? Je hais les jeux de rôles ; je trouve très inconfortable de prendre le costume d'un autre, je ne suis pas bonne comédienne. Je me sens ridicule et pas crédible. Même si je sais combien la pratique peut être bénéfique, je préfère une bonne théorie pédagogique et je me fais assez confiance pour l'appliquer avec bon sens. En parlant théorie, serai-je au niveau pour en comprendre le contenu ? Le groupe sera-t-il sympathique ? À midi, vais-je me sentir assez intégrée pour manger avec lui ou préférer m'isoler, histoire de faire une pause de cette compagnie imposée ? Mais après avoir passé quelques minutes avec le formateur, je me sens apaisée, car je perçois une vraie volonté de sa part de considérer ce que chacun des participants peut apporter au groupe ; c'est cela qui fera l'intérêt des échanges par la richesse des parcours et qui rendra la formation constructive.

D'autres personnes arrivent. Il est prévu que nous soyons dix participants. Chacun se sert un café et une viennoiserie. Le sourire est sur toutes les lèvres et les échanges sont détendus. La formation peut commencer. Le formateur propose un tour de table de présentation en commençant par lui. Force est de constater que nombreux sont ceux qui ont eu une cassure dans leur carrière professionnelle et que bien souvent, c'est après cet événement qu'ils se sont orientés vers l'accompagnement. Certains sont formateurs, d'autres sont coachs ; salariés ou à leur compte, quelques-uns ont les deux casquettes, car, dans ce secteur, les salaires peuvent obliger à avoir un complément d'activité. Certains sont dans l'accompagnement depuis plusieurs années, d'autres entament comme moi une reconversion. Me voilà rassurée, je ne fais pas tache dans ce tableau !

Après cette première matinée, à l'exception d'une personne, nous décidons de déjeuner tous ensemble. Mais très rapidement, le groupe se scinde en deux, selon le budget que chacun peut consacrer à sa pause-déjeuner. Étant donné le prix affiché sur les cartes des restaurants aux alentours, nous ne pouvons pas tous nous permettre de déjeuner à leur terrasse. Si certains, en poste, se font rembourser par leur entreprise sur présentation d'un justificatif, d'autres, inscrits à Pôle Emploi, ont droit à un forfait (moi, je n'y ai pas eu droit, car cela dépend du montant des allocations ; il faut croire que les miennes sont trop élevées pour que Pôle Emploi prenne en charge mes repas). Ceux qui, comme moi, paieront de leur poche leur repas décident de prendre la formule sandwich et de déjeuner dans le parc de Belleville. Pour les autres jours, nous amènerons notre pique-nique. Coup de chance, la météo s'annonce clémente pour les jours à venir, et nous pourrons profiter ainsi du magnifique panorama de Paris.

C'est ainsi que la première semaine passe : le formateur nous apporte la théorie et les échanges des uns et des autres alimentent et illustrent le contenu. Nous réalisons quelques exercices, mais je ne me sens pas mal à l'aise, car ils sont effectués par tous. À aucun moment, tous les regards ne sont focalisés que sur un participant. Le cadre convenu au départ, bienveillance, écoute et partage, est respecté par tous. D'ailleurs, il vaut mieux, car nous nous destinons tous à accompagner des personnes dans leur transition professionnelle et, pour cela, nous nous devons d'être sans jugement, d'être rassurants et positifs. Au terme de cette semaine, nous nous communiquons nos coordonnées pour rester en contact au-delà de la formation et étendre notre réseau. Chaque soir, je rentre ravie de ce que j'apprends et rassurée de voir que l'univers vers lequel je me dirige me correspond si bien. Mon mari est heureux de me sentir apaisée, de me voir resplendissante quand je lui parle de la formation et des belles rencontres que j'y fais.

Le seul bémol est l'absence de nouvelles quant à mon entretien et le fait que nous soyons à la fin de semaine. Aurais-je été trop présomptueuse ? Non, je suis convaincue qu'il y a une explication rationnelle à ce silence et que je dois faire confiance, non seulement à moi-même, mais aussi à ce regard posé sur moi par la responsable d'agence à la fin de notre entretien. Alors, patience, encore une fois ! Cela ne doit pas entacher ma formation…

C'est donc avec hâte et enthousiasme que je retourne en formation la deuxième semaine. Nous avons plaisir à nous retrouver. Même le formateur exprime sa joie de partager ces jours avec nous. Nous en arrivons à regretter que l'exercice ne dure que deux semaines. Ce climat de confiance rend l'assimilation de la théorie plus facile et la prise de parole plus aisée. D'ailleurs, le formateur finit par être un participant parmi les autres, tellement chacun a envie de partager et d'exposer ses interrogations et ses craintes dans la mise en application. Alors que nous étions en plein échange, mon téléphone se met à sonner : un numéro que je ne connais pas apparaît. Ce n'est pas la responsable d'agence dont j'ai enregistré le numéro de téléphone pour ne pas rater son appel. Serait-ce un autre recruteur ? Je ne peux me permettre de décrocher. Je vais devoir attendre la pause pour lever le mystère.

C'est ainsi que, stressée, mais aussi excitée, j'interroge ma messagerie. Une voix que je ne connais pas m'invite à la rappeler pour échanger sur ma candidature pour le poste de conseillère en insertion professionnelle. Cela fait suite à mon entretien de la semaine dernière, et la personne en question n'est autre que le supérieur hiérarchique de la responsable d'agence. Je ne m'attendais pas à cette troisième étape dans ce processus de recrutement, mais pas de souci, je le recontacterai ce soir. Encore heureux que cet appel n'ait eu lieu que cet après-midi, car, depuis la pause, je ne suis plus trop concentrée sur la formation, mais je suis déjà en train de préparer mon entretien.

Une fois posée au calme chez moi, je compose le numéro et, coup de chance, mon interlocuteur décroche tout de suite. Très rapidement, je comprends qu'effectivement l'entretien de la semaine dernière s'est bien passé et, qu'à ce titre, mon embauche n'attend plus que la validation de la personne que j'ai au bout du fil, à savoir le responsable de région. Il me dit faire bien évidemment confiance à sa responsable d'agence, mais il est surpris par mon parcours et veut s'assurer que je ne suis pas de ceux qui ont juste envie d'essayer pour voir et qui, à la moindre désillusion ou contrariété, abandonneront le poste. Je le rassure, ce n'est pas du tout dans mon mode de fonctionnement. Je précise que je ne suis pas là par hasard, et que c'est en pleine conscience que je réitère ma motivation pour le poste. Les mots choisis ont dû lui convenir, car il n'insiste pas et m'informe que la responsable d'agence reviendra vers moi au plus vite. Il me demande quand je peux commencer, et je lui réponds qu'étant en formation cette semaine, je pourrai débuter lundi prochain, à savoir le 2 octobre. Curieux, il m'interroge sur la formation que je suis. Une formation ADVP. Ma réponse le ravit et le conforte sur ma motivation et ma détermination à m'inscrire dans le domaine de l'accompagnement professionnel.

Dénouement

La veille de la fin de la formation, je reçois le fameux et ultime appel : c'est la responsable d'agence qui m'annonce qu'elle serait ravie de m'intégrer dans son équipe, et que si je l'accepte, elle m'attend le lundi 2 octobre. Je ne cache pas ma joie et m'empresse de lui répondre par un grand OUI, heureuse de commencer dans quelques jours. À peine arrivée le lendemain au centre de formation, je partage la bonne nouvelle avec l'ensemble du groupe. Tous sont ravis pour moi ! Cette formation, je l'ai voulue et je ne la regrette pas : j'étais convaincue que le sujet allait m'intéresser, mais je n'imaginais pas faire d'aussi belles rencontres, vivre autant de partages avec de la générosité pure, et je suis ravie de pouvoir mettre en application ce que j'ai appris aussi rapidement. Bref, six jours intenses qui me confortent dans ma nouvelle orientation.

Tout s'enchaîne ! Je ne pourrai pas suivre les autres formations envisagées, pas pour l'instant, du moins. Mais ce n'est pas grave. Dans la vie, il faut savoir faire des choix, et là, je choisis de me former sur le terrain et d'acquérir de l'expérience. Après une quarantaine de candidatures, je n'ai eu qu'un seul entretien physique et c'est le bon ! Comme quoi, il ne suffit parfois que d'un seul pour que tout change.

Mon mari me soutient dans ce choix, comme il l'a toujours fait. Il approuve ma démarche de démarrer ma reconversion par un poste moins dimensionné que ceux que j'avais jusqu'à présent, histoire de faire mes premiers pas et mes preuves.

Mes enfants m'ont dit :

— C'est cool, c'est ce que tu voulais faire ! Apéro pour fêter ça ?

L'avantage est que pour la première fois de ma vie, j'aurai certes le statut d'employée, mais je serai à trente-cinq heures sur un poste basé à dix minutes de la maison. Cela va me changer de l'emploi de cadre où je travaillais entre quarante-cinq et cinquante heures par semaine, et ce, avec une heure de trajet à l'aller. Je serai plus présente pour les miens, et aujourd'hui, je suis consciente, après avoir passé quatre mois auprès d'eux, que cela n'a pas de prix. D'ailleurs, comme je n'ai pas de vacances à la Toussaint, ils ne veulent pas partir sans moi en vacances dans notre maison du Sud. Mais mon mari nous fait la surprise d'organiser un petit week-end à cinq sans nous en dire plus. Il fut un temps où je n'aimais pas les surprises par besoin de tout maîtriser, mais aujourd'hui, je suis contente de ne pas savoir et de me laisser porter. Et puis, je sais que cela sera forcément bien, puisque nous serons tous ensemble.

Finalement, si je m'amuse à résumer ma période de chômage, je dirais :

— 40 candidatures, 11 en spontanées, 29 en réponse à une annonce

— 12 entreprises seulement ont daigné me répondre : 8 réponses négatives, 4 contacts téléphoniques dont 3 à qui je n'ai pas donné suite et un seul entretien physique

— 120 km de marche

— Des dizaines de tasses de thé « détox »

— 3 kg en plus sur la balance

— Du vide fait dans les placards et dans le garage

— 300 € récoltés avec les ventes sur Internet

— Le jeu des courses, auquel je suis devenue accro

— Un blog avec des centaines de followers du monde entier

— Un projet de livre

— … et des milliers de moments, ô combien précieux, avec les miens, et le bonheur de me dire qu'ils sont fixés à jamais dans le cœur et dans la tête de chacun !

Toutefois, il me faut relativiser beaucoup les choses, car, finalement, je n'ai été véritablement au chômage que trois mois et, qui plus est, durant l'été. Je précise « véritablement », car le tout premier mois, j'étais en préavis payé et à partir du 2 octobre, je resterai inscrite sur la liste des chômeurs, mais je changerai de catégorie et devrai m'actualiser tous les mois. Cela me permettra de bénéficier d'un complément d'allocation de mon ami Pôle Emploi, et ce, potentiellement durant au moins les deux ans d'indemnisation. En effet, en cotisant de nouveau, la durée d'indemnisation sera prolongée. C'est aussi pour cette raison que j'ai accepté ce poste, car, au-delà des motivations pour la mission en elle-même, il n'en reste pas moins que je fais une sacrée concession en matière de salaire : plus de 50 % de moins par rapport à mon dernier salaire. Alors, le complément de Pôle Emploi sera le bienvenu. J'espère que d'ici la fin de mes droits au chômage, sans pour autant atteindre le niveau de l'ancien (il ne faut pas rêver non plus !), mon salaire aura un peu augmenté, et que l'écart ne sera plus aussi conséquent.

Quoi qu'il en soit, j'ai finalement retrouvé rapidement un emploi correspondant à mes aspirations et je m'estime chanceuse. D'ailleurs, je ne sais pas comment j'aurais vécu cette période si elle s'était éternisée, et je pense que c'est aussi cette crainte-là qui a fait que j'ai accepté ce poste et fait ces concessions. J'ai bien conscience que bon nombre de chômeurs le sont depuis plusieurs mois, voire plusieurs années, et qu'ils ne comptent plus le nombre de CV adressés, n'attendent même plus de réponses tellement ils sont désabusés. Ils ont eu plusieurs entretiens au départ, et maintenant ils ne croient plus au miracle. Ils sont devenus experts au jeu des courses, mais n'ont plus le plaisir du jeu. Si vous êtes de ceux-là, je vous souhaite beaucoup de courage. Je vous invite à croire en vous, en vos compétences et en vos valeurs, à vous accrocher à l'idée qu'il y a forcément un emploi pour vous quelque part, mais n'oubliez pas qu'il vous revient d'en trouver le chemin. Chaque jour compte, un pas après l'autre, mais la majorité des réponses aux questions que vous vous posez sont en vous.

La veille de mon premier jour, mon blog a eu cinq cents visites avec plus de deux mille vues sur mes publications. Une autre idée me vient : et si j'essayais de publier un livre ? C'est avec ce nouveau projet en tête que j'entame ma nouvelle vie professionnelle. Et comme si je faisais un pied de nez à la vie, voici comment je me présente tous les jours dans mon nouveau boulot :

— Bonjour, je suis votre conseillère-emploi. Mon rôle est de vous accompagner, de dynamiser votre recherche d'emploi et de vous donner ainsi tous les outils pour trouver un travail !

Ce n'est pas encore tout à fait le métier de mes rêves, car mon ambition est d'accompagner les personnes sur un champ plus large que la recherche d'emploi. Mais il faut bien commencer par un chemin, et chaque jour, je fais un pas de plus vers l'avenir professionnel dont je rêve. Chaque jour, je pose mes cailloux sur le chemin pour en faire vraiment le mien. Chaque jour est fait de nouvelles rencontres, de nouvelles personnes à aider… chaque jour est un cadeau ! Ce qui est drôle, c'est que tout ce que j'ai lu pendant que j'étais au chômage concernant le CV, les lettres de motivation, les tutoriels auxquels j'ai participé pour savoir comment utiliser LinkedIn ou développer mon réseau m'est bien utile aujourd'hui pour donner des conseils plus complets et précis. Tous les jours, je rencontre des personnes au chômage : certains le sont depuis peu, d'autres depuis des années. Certains sont perdus, d'autres ont mis en place une organisation presque militaire.

Certains ont le sourire, d'autres utilisent plusieurs mouchoirs durant notre entretien. Certains ont vraiment besoin de moi pour les aider, d'autres ont juste besoin de parler : alors j'écoute et je comprends. Il n'y a pas si longtemps, je me suis posé les mêmes questions et j'ai eu les mêmes doutes. Certains ont juste envie de continuer à faire le métier qu'ils ont exercé jusqu'à présent, d'autres rêvent de formation, de reconversion ou de création d'entreprise et, là aussi, je me reconnais. Le fait d'être passée par la case chômage est finalement un atout. L'aventure de ma petite entreprise m'aide à comprendre l'envie d'être son propre patron. Ma fonction de responsable des ressources humaines et plus de dix ans de recrutement m'aident à donner la vision de l'entreprise et du recruteur. Mon parcours est ma force aujourd'hui et je le perçois tous les jours : mon discours a de l'écho, je ne suis pas dans la théorie, mais dans la vraie vie. Chaque jour, des personnes me remercient de les avoir accueillies, écoutées, de ne les avoir jamais jugées, de les avoir comprises, conseillées, de leur avoir redonné l'envie, l'envie d'y croire, de croire en elles et de les avoir déculpabilisées de prendre le temps… le temps pour se poser les bonnes questions, sur ce qu'elles veulent et ce qu'elles ne veulent pas, de mûrir un projet qui est dans un coin de leur tête depuis quelque temps. À toutes ces personnes, je tenais à dire merci. Oui, merci, car elles m'ont confortée dans mon projet. Grâce à elles, je me sens utile : j'ai trouvé ainsi ma place et ma lumière.

Cela fait un mois que j'ai commencé : entre le boulot, la vie de famille et mon blog, je ne l'ai pas vu passer ! Ma période d'essai est validée le lendemain du changement d'heure : la vie me fait non seulement cadeau d'une heure de plus dans la journée, mais elle m'ouvre ainsi de nouveaux horizons. Je me sens légère et je dors mieux.

J'ai marché pas loin de cent vingt kilomètres, l'équivalent d'un Paris-Sens. Ce n'est pas encore la Corse, mais symboliquement, je trouve chouette d'être arrivée à Sens. Un peu comme si j'avais cheminé pendant quatre mois pour trouver le sens de ma vie et je n'en suis plus très loin… Le cadeau bonus est que j'ai perdu mes trois kilos !

Neuf mois plus tard...

Si l'on m'avait dit que je mettrais neuf mois à écrire mon histoire, je ne l'aurais pas cru. Mais force est de constater que j'ai commencé à coucher sur papier les premiers mots l'an dernier à la mi-juin, et ce n'est qu'à l'aube du printemps que je m'apprête à envoyer mon manuscrit aux éditeurs. Une fois de plus, les symboles sont nombreux : comme pour mes trois enfants ou mon entreprise, il semblerait que neuf mois soient la durée incompressible pour accoucher d'un projet et pour qu'il tienne plus ou moins la route. Ce n'est pas une garantie pour autant, mais neuf mois n'ont pas été de trop pour définir l'intention, construire les grandes lignes, partager la lecture à mon entourage, savoir écouter la critique, puis reprendre chaque partie dans les détails : relire, mûrir, corriger, gommer, puis réécrire, se relire, gommer de nouveau, puis réécrire et passer à l'autre page...

Et puis un jour, alors que je lisais mon manuscrit pour la énième fois, je me suis dit qu'il fallait me lancer, que seule l'exposition de mon manuscrit à un public qui ne m'attend pas me confortera ou non dans l'idée que partager mon histoire peut faire du bien. Bien des nuits, j'ai rêvé être enceinte, et alors qu'avec l'arrivée du printemps, la nature s'éveille autour de moi, je saisis ce signe pour enfin « accoucher ». Je ne sais pas comment ce manuscrit sera reçu par vous, mais ce que je sais, c'est qu'il m'a portée pendant neuf mois plus que moi je ne l'ai porté. Il m'a permis de traverser ce passage et de me sentir à la fois plus forte, mais aussi plus légère ! Fera-t-il des petits ? Je ne l'exclus pas, car j'ai trouvé en l'écriture beaucoup d'apaisement. Quoi qu'il en soit, je suis d'ores et déjà fière d'avoir été jusqu'au bout et de vous confier ce cadeau. N'y voyez là aucune prétention, mais juste l'envie de vous faire du bien, de vous accompagner dans vos doutes et votre cheminement, jusqu'à apercevoir des éclaircies.

Je ne peux pas résister à partager avec vous quelques paroles d'une chanson de Calogero, « Les feux d'artifice », qui traduit bien ce qui m'anime aujourd'hui et qui m'a fait pleurer bien avant d'entendre ce dernier couplet.

« Nous sommes comme des feux d'artifice
Vu qu'on est là pour pas longtemps
Faisons en sorte tant qu'on existe,
De briller dans les yeux des gens
De leur offrir de la lumière
Comme un météore en passant

Car, même si tout est éphémère,
On s'en souvient pendant longtemps. »

Je n'ai pas retenu mes larmes, car tout prenait sens : pendant toute cette période, mes grands-mères du haut du ciel m'ont accompagnée, rassurée et guidée vers le chemin qui était pour moi, mon chemin. Elles ont été mes feux d'artifice : elles m'ont offert la lumière et, oui, je m'en souviendrai longtemps. Mes larmes ont coulé, coulé, je ne sais combien de temps, mais étrangement, elles me faisaient du bien. Maintenant, je sais que l'émotion est salvatrice si elle est dans l'instant : la retenir n'apporte rien de bon. Mieux vaut la laisser naître au coin des yeux et mourir sur les joues. Qu'elles soient de joie ou de tristesse, chacune de mes émotions est ainsi plus saine, comme nettoyée des larmes d'avant, celles qui ont nourri mon cœur et l'ont rendu plus fort.

Au cours de ces six mois, je suis restée en contact avec d'anciens collègues et je n'ai rien à regretter : l'entreprise dans laquelle j'ai travaillé pendant dix ans n'est vraiment plus celle que j'ai eu plaisir à rejoindre. Quant à celle où j'ai été remerciée après quatre mois, elle est en pleine restructuration, elle se sépare de salariés qui ont fait toute son histoire, et mon poste a été délocalisé. Comme quoi, dans la vie, ce que nous pouvons prendre pour des échecs peut se révéler le plus beau cadeau qui puisse nous être donné ! Je ne déteste plus les dimanches soir, je n'ai plus de nœud dans l'estomac le matin au réveil. Quand je suis au boulot, je me consacre complètement aux personnes que j'accompagne, mais quand je rentre à la maison, je suis réellement présente pour ceux qui me sont chers : à chaque instant, je vis au présent et conjugue au présent. Apaisée, je me pose moins de questions sur le passé et sur l'avenir. Et comme il est vrai que quand nous sommes sur le bon chemin, les choses viennent à nous sans que nous ayons besoin de les attendre, mon employeur vient de m'annoncer qu'il souhaite prolonger mon aventure au sein d'une autre équipe jusqu'au prochain printemps où, j'en suis sûre, d'autres belles choses m'attendent ! Après lui avoir raconté mon parcours, mon futur responsable m'a dit : « J'aime votre histoire, car elle est authentique : elle sera votre force dans votre futur métier de consultante en transition professionnelle. » Un beau clin d'œil (ou pied de nez ?) à la vie, non ?

Alors, si au début de mon histoire, je me posais la question : « Passez par la case chômage : et si c'était ma carte chance ? », avant de vous quitter, je peux dire ceci : « Oui, pour moi, cette période a été tellement riche que je la considère comme une chance ; sans elle, je ne me serais jamais posé autant de questions et n'aurais pas eu le bonheur de me retrouver… je dirais même, de me trouver et me réaliser. »

N'oubliez pas : « Offrez-vous le présent en cadeau, demain n'en sera que meilleur ! »

En souvenir de mes grands-mères, mes feux d'artifice. Au fond de moi, j'espère avoir été, être et devenir un feu d'artifice pour quelqu'un, telle est ma mission de vie.

Un autre regard, Regard vairon (en référence à mon pseudonyme sur le blog)

Un dernier cadeau en partage

Avant de terminer mon histoire, je voulais partager avec vous les poèmes que j'ai écrits tout au long de ce cheminement. Ils expriment d'une autre façon, sous forme de vers, ma nouvelle philosophie de vie où l'essentiel est de vivre le présent.

Le matin au réveil

Le matin au réveil, qu'il est bon d'écouter le silence
Prendre le temps de savourer l'existence
Prolonger l'instant en toute insouciance
Avec le drôle sentiment de toute-puissance.

Pas envie de mettre un pied à terre,
Bien au chaud en pyjama sous la couette.
Pas encore d'angoisse et de nœud dans la tête
Seuls les rêves de vie pas encore très clairs.

Juste envie de plonger de nouveau dans le sommeil
Pour vivre de l'intérieur comme nul autre pareil
Avec la crainte que le réveil ne pointe son nez
Avant que n'aient pris vie toutes mes idées.

La nuit, l'obscurité me donne tous les courages
Courage d'être celle que je suis, avec son grain de folie,
Celle qui veut ressentir et se sentir exister sans nuages.
Écrire, danser, chanter et rire, pourquoi serait-ce interdit?

Mais à la place, je me lève en jeune fille bien sage,
Enfile mon costume de femme, épouse et mère responsable,
Laisse le jour détruire tous mes châteaux de sable
Avec le discours bien rodé que ce n'est plus de mon âge.

Pourtant, inlassablement, trottent dans ma petite tête,
Un tas d'idées qui ne demandent qu'à faire la fête…
Mais un beau jour, je serai celle que je suis la nuit
Et ce jour-là, ce sera le premier jour de ma deuxième vie.

Aujourd'hui, quelqu'un est parti vers l'autre rive…

Aujourd'hui, quelqu'un est parti vers l'autre rive.
Elle n'a eu le temps de rien, elle s'est envolée,
Elle avait encore tellement d'années à vivre,
Qu'il était impensable que ce moment soit le dernier!

Aujourd'hui, quelqu'un est parti vers l'autre rive...
Même pas eu le temps d'avoir peur,
Pas d'explication à cette rapide dérive.
Même pas celle d'être son heure.

Aujourd'hui, quelqu'un est parti vers l'autre rive...
Et moi, je prends une claque, j'accuse le coup...
Encore plus besoin que ma flamme se ravive
Que je réalise mes rêves les plus fous!

Je ne sais combien de temps je resterai sur cette rive,
car la vie nous rappelle qu'elle n'est pas acquise
Je ne sais combien de temps je serai avec ceux qui y vivent,
En cela, chaque instant doit la rendre exquise.

La vie est un cadeau, elle nous est donnée,
Il nous faut en faire bon usage,
Pour ne rien regretter avant de nous être volée
Et de quitter la rive pour un long voyage...

Aujourd'hui, ma fille a quatorze ans

Aujourd'hui, ma fille a quatorze ans.
Pas tout à fait femme, plus vraiment enfant,
Un regard sur la vie si innocent parfois,
Mais au cœur d'un monde trop violent à la fois…

Un monde d'adultes où tu cherches ta place,
Quand ta féminité s'esquisse dans la glace.
Pas facile d'être entre ces deux âges,
Mais tu n'es pas seule pour vivre ce passage…

Il y a quatorze ans, je devenais maman.
Sortie de mon ventre, tu donnais de la voix.
Je t'avais tellement attendue pendant neuf mois
Qu'émue aux larmes, je savourais ce moment.

C'est banal de dire que la vie passe vite,
Mais tellement vrai, alors juste un mot : « Profite ! »
Je serai là pour te guider dans tous tes choix,
Toujours là pour partager tes peines et tes joies…

Le métier de maman est le plus difficile,
Mais il n'existe pas de recette magique.
Alors chaque jour, j'apprends avec toi, ma fille
Que le bonheur est dans tous ces moments uniques.

Le jour où tu m'as parlé d'elle

Le jour où tu m'as parlé d'elle,
J'aurais préféré être aveugle et sourde
Tellement tout cela me semblait cruel
Et me rendait le cœur lourd.

Je ne pouvais pas croire qu'elle soit entrée dans nos vies
Comme cela, un beau jour, sans voir l'interdit.
Je ne pouvais pas croire qu'elle soit entrée dans ta vie
Alors que c'était à moi que tu avais dit « Oui ».

Mais tu m'as dit ne rien avoir pu faire, ne rien avoir vu venir,
Qu'elle s'était immiscée dans ta vie, petit à petit,
Que tu n'avais rien fait pour l'encourager, même pire,
Que tu ne pouvais plus lui dire de partir aujourd'hui.

Au début, c'était censé n'être pas grand-chose, sans importance.
Mais malgré toi, elle avait pris de plus en plus de place.
Aujourd'hui, à chaque minute, à chaque seconde tu y penses
Alors, il était temps que tu me fasses face.

Tu n'avais pas d'autres choix que d'être franc.
Tu disais : « La vie est trop courte, profitons de chaque instant ».
Pour toi, ce secret était devenu trop grand à garder,
D'autant que nos deux vies allaient en être chamboulées.

Mais je ne voulais rien entendre, rien voir.
Pourquoi étais-je censée contenir ma colère ?
Pourquoi la laisserais-je te prendre sans rien faire ?
Pourquoi était-elle devenue notre histoire ?

Non, j'avais décidé de me battre avec mes propres armes,
De monopoliser ton temps et ton espace pour minimiser les conséquences
D'entraîner nos vingt ans d'histoire et nos trois enfants dans cette violence…
Mais il était trop tard, me disais-tu, les yeux remplis de larmes.

Si le combat était perdu d'avance, qu'il me fallait m'habituer à ton absence,
Alors chaque minute, chaque seconde près de toi devait être une danse
Qui me fasse tourner la tête, rire aux éclats pour rompre le silence,
Car un matin, elle t'emporterait, c'était une évidence.

Silences et notes de musique

Faite de silences et notes de musique, la vie est une partition,
Comme une folle ronde : le temps court sans y prêter attention
Mais quand vient la pause pour laisser place aux légers soupirs,
Le silence ne veut pas dire qu'est venue l'heure de mourir.

Il est ressource, paix pour l'esprit et berceuse pour le corps,
Il me donne l'envie et l'énergie, celle qui me fera danser plus fort,
Car sur la route de ma vie, il y a tant à parcourir, tant à découvrir,
Croire qu'il n'y a qu'un chemin pour arriver au but fera sourire.

Parfois, je suis les cailloux, comme laissés par le petit Poucet,
À d'autres, j'explore une voie inconnue et a priori sans issue,
Qui se révèle riche d'enseignements alors que je disais : « je sais »
Ne pas savoir, douter, tenter fait grandir plus que je ne l'aurais cru.

Et c'est là que les notes de musique reprennent avec entrain,
Noires, blanches et croches s'enchaînent sur une belle mélodie,
Je danse, je ris, je pleure, bref je vis, car j'ai trouvé mon chemin
Celui qui fait ma raison d'être : enfin, ma mission de vie !

Table des matières

Imprimé en France par EPAC Technologies
N° d'impression : 4550414319719
Dépôt légal : août 2019